Johann Jacob Engel, Johann Wilhelm Meil, August Mylius

Ideen zu einer Mimik

Johann Jacob Engel, Johann Wilhelm Meil, August Mylius

Ideen zu einer Mimik

ISBN/EAN: 9783743337565

Hergestellt in Europa, USA, Kanada, Australien, Japan

Cover: Foto ©ninafisch / pixelio.de

Manufactured and distributed by brebook publishing software
(www.brebook.com)

Johann Jacob Engel, Johann Wilhelm Meil, August Mylius

Ideen zu einer Mimik

Ideen

zu einer

Mimik

von

J. J. Engel.

Zweyter Theil.

Ficta voluptatis caufa fint proxima veris.
HORATIUS.

Mit erläuternden Kupfertafeln.

Berlin 1786.

Auf Koften des Verfaffers und in Commiffion
bey Auguft Mylius.

Ideen

zu

einer Mimik.

Acht und zwanzigſter Brief.

Ohne Zweifel haben Sie den Inhalt von manchem meiner vorigen Briefe vergeſſen, weil Sie ſonſt unmöglich die Frage aufwerfen könnten: warum ich denn überhaupt der Malerey in der Mimik erwähnt, warum ich von möglicher Zuſammenſetzung malender und ausdruckender Gebehrden geſprochen, wenn ich doch, wie es jezt das Anſehen habe, alles Nachahmen der vorgeſtellten Gegenſtände verwerfe und immer nur Ausdruk der Empfindungen der Seele wolle? — Müſſen denn, frage ich dagegen, Ausdruk und Malerey immer unvereinbar, immer im Streit

Mimik 2. Theil.　　　A　　　　　ſeyn?

seyn? Kann es nicht Fälle geben, wo beyde sich
entweder vollständig oder doch einigermaßen
verbinden lassen, und andere Fälle, wo sie völlig in Eins verfliessen? Und hab ich nicht schon
selbst mehr als einmal gesucht, Sie auf solche Fälle aufmerksam zu machen?

Ich sagte in meinem zwölften Briefe, wo
von dem Spiel der Bewunderung die Rede
war, ausdrüklich: daß hier die Malerey des
vorgestellten Objects mit dem Ausdruk der innern Empfindung zusammenfalle, weil bey der
Bewunderung die Seele sich so ganz der Vorstellung ihres Objectes hingebe, sich so ganz
ihm ähnlich zu machen suche, und daß also der
analoge Ausdruk ihres innern Zustandes hier,
wie von selbst, zur Nachahmung, zur Malerey des Objectes werde. Eben daraus er-
klärte ich Ihnen, warum, bey Bewunderung des Großen, sich der ganze Körper, Auge, Mund, Brust, erweitert, und bey Be-
wun-

wunderung des Erhabnen sich die ganze Figur
des Menschen emporstreckt. In meinem achten Briefe warf ich die Anmerkung hin: daß
zuweilen der sehr interessirte, in die Vorstellung
eines Stücks ganz vertiefte, Zuschauer, so
lange keine eigenen widersprechenden Empfindungen die von aussen kommenden Eindrücke
durchkreuzen, alle Minen der Schauspieler und
sogar manche ihrer Bewegungen nachahme und
mit dem Ernsthaften ernsthaft, mit dem Fröh-
lichen frölich werde. Endlich in meinem
zwanzigsten Briefe erinnerte ich über die mo-
ralische Sympathie mit erhabnen, edlen, festen Charakteren, mit kühnen, großen, men-
schenfreundlichen Handlungen: daß man hier
in sich selbst den Stolz, den Troz, die Herzens-
wärme, das sanfte Gefühl seines Helden er-
wecke und eben die Gebehrden annehme, eben
die Bewegungen mache, die man sich an ihm,
dem geliebten oder bewunderten Gegenstande,
vorstelle. — Da ich nicht glaube, Ihnen die

A 2   Rich-

Richtigkeit dieser Beobachtungen, die Sie mir
einmal haben gelten lassen, erst beweisen zu
dürfen; so setze ich hier sogleich die Regel fest:
daß da, wo die Seele sich wirklich ganz im Object
befindet und ihr eigenes Selbst von der Vorstellung dieses Objects nicht unterscheidet, oder kürzer: daß bey allen homogenen Empfindungen die
Malerey eben deßwegen erlaubt ist, weil sie
sich nicht vom Ausdrucke trennen läßt, weil
eben durch sie der Ausdruk geschieht.

Diese Regel, wie Sie sehen, bezieht sich auf
die erste Ursache des nachahmenden Spiels,
auf die lebhaftigkeit der eigenen Vorstellung.
Ich nannte Ihnen, als eine zweyte Ursache
dieses Spiels, die Absicht: bey dem Mitunterredner eine lebhafte anschauliche Idee zu er-
zeugen. Wenn diese Absicht, wie oft bey Erzehlungen oder beym Unterrichte, ruhiger kal-
ter Vorsatz, oder wenn auch sie es allein ist,
welche die Seele in dem gegenwärtigen Augenblicke

blicke füllt und erwärmt; so ist, schon wegen
der obigen Regel, die malende Geberde er=
laubt: denn es findet hier keine Collision
zwischen ihr und dem Ausdrucke Statt. Das
eine Mal ist gar keine Empfindung da, die nach
Ausdruk strebte; das andre Mal ist es eine
homogene, mithin eine solche Empfindung, die
eben durch die Nachahmung sich zu befriedigen
sucht. Doch wenn auch wirklich die Seele des
Redenden von einer eignen, selbst von einer
solchen Empfindung eingenommen ist, deren
Ausdruk die Malerey, wo nicht aufheben, doch
bis zur Unkenntlichkeit verändern würde: so
kann noch immer die volle Malerey ein ganz
richtiges Spiel geben; vorausgesezt: daß die
Empfindung selbst nicht zu lebhaft ist und daß
sie sich, ihres eigenen Vortheils wegen, gern
der Absicht, den Gegenstand darzustellen, un=
terordnet. So ist Ausdruk des Unwillens und
Hohns über ein einfältiges Dasitzen mit offnem
niederhangenden Maule nicht wohl vereinbar

A 3   mit

mit der Nachahmung der Attitude selbst: aber
wenn der Unwille nur nicht zu lebhaft, zu heftig ist; so wird der hofmeisternde Lehrer sich
gern ein wenig Gewalt thun; er wird dem Jüng-
linge, so getreu als möglich, die getadelte Gebehrde vormachen und eben in dieser beschämenden
Nachäffung die Befriedigung seines Unwillens
finden. Ziehen Sie sich hieraus selbst die
zwente Regel: daß überall die malende Gebehrde entweder einzig richtig oder doch unta-
delhaft ist, wo die Absicht, lebhaftere Ideen
von gewissen Gegenständen zu erwecken, herrscht,
oder wo auch die eigene Empfindung des Redenden willig zurükstehet, weil sie nicht besser,
als eben durch Erreichung jener Absicht, be-
friediget werden kann. — Zuweilen trift es
sich, daß das Spiel, welches die Absicht, mit
demjenigen, welches die Empfindung fordert,
ganz genau übereinstimmt und daß also eine
eben so getreue vollständige Darstellung erfolgt,
als ob die Empfindung homogen und die ganz-

ze

je Seele des Redenden, ohne Unterscheidung
des eigenen Selbst; in die Idee des Gegenstandes ergossen wäre. So bey dem erhizten Klä-
ger, der vor dem Richter die erlittne Kränkung
seiner Ehre erzehlt; er ahmt den Troz, den
Zorn, die höhnende Verachtung des Beleidi-
gers mit der möglichsten Lebhaftigkeit nach;
nicht bloß, wie es scheinen könnte, um dem
Richter eine Idee des Vorfalls zu geben und
ihn von der Gerechtigkeit seiner Klage zu überzeugen, sondern vornehmlich auch wegen der
Befriedigung, die ihm eine solche Nachahmung für seine eigenen Leidenschaften gewährt.
Er selbst wird durch den Troz, den Zorn, die
höhnende Verachtung des andern, zum Troz,
zum Zorn, zur höhnenden Verachtung gereizt.

Mit der Zusammensetzung der Malerey und
des Ausdruks ist es oft, wie mit der Malerey
selbst; sie scheint, was sie im Grunde nicht ist,
und wenn man sie wohl untersucht, so findet
man

man nur Zusammensetzung mehrerer Ausdrücke, wovon der eine, weil er einer homogenen Empfindung gehört, Malerey scheint.
Dieß ist der Fall mit dem Verliebten, der jezt
eben von dem königlichen Wuchs, dem edlen
Anstand, dem stolzen Blick seiner Gebieterinn
zu schwärmerisch eingenommen, zu sehr in die
Vorstellung davon versenkt ist, als daß er nicht
etwas von ihren Eigenschaften, ihren Empfindungen in sich selbst hinübernehmen sollte.
Er ahmt ihren Adel und Stolz in Mine und
Art sich zu tragen nach; aber mitten in diesem
malendscheinenden Ausdrucke wird man an
dem stillen Schmachten im Auge, an dem
sanften Voneinanderziehen des Mundes, an
dem flüchtigen zärtlichen Lächeln um Wangen
und Lippen den gerührten Liebhaber inne:
und so entsteht denn eine Art von Zwit-
tergebehrde, ein Ausdruk, fast wie der
Ausdruk der Gnade, weil sich nehmlich
Würde und Stolz der Geliebten mit Zärtlichkeit

keit und Anbetung des Liebhabers darinn
vereinigt.

Eine Zusammensetzung eigentlicher Malerey mit dem Ausdrucke findet Statt, wenn jene
durch die Absicht bewirkt wird, bey dem Mitunterredner irgend eine anschauliche Idee zu erwecken; wenn diese Absicht ein ganz andres
Spiel erfodert, als die Empfindung, und
gleichwohl beyde, die Absicht und die Empfindung, von ohngefähr gleicher Lebhaftigkeit sind.
Hier nun sind beyde, Ausdruk und Malerey,
entweder vereinbar in der Gebehrde, oder
nicht vereinbar. Das leztere, wenn sie
durch einerley Werkzeuge geschehen sollen; das
erstere, wenn die Werkzeuge des Ausdruks
nicht eben diejenigen sind, die zur Nachahmung des Gegenstandes dienen. Lassen Sie
einen Spötter über den ungeheuren Umfang
eines Bauchs, über einen unbehülflichen ge-
watschelten Gang, über das zur Seite Fallen

A 5   eines

eines Hinkenden oder über irgend so st einen
körperlichen Fehler sich lustig machen, bey dessen Nachäffung die Werkzeuge des Lachens selbst
ohne Gebrauch sind: warum sollt er nicht beydes mit einander verbinden; warum nicht in
eben dem Augenblicke laut auflachen können, wo
er die Dicke und Unbehülflichkeit eines Fall-
staffs durch eigene Vorstreckung des Bauchs
und der Hände, durch weites Auseinander-
sperren der einwärtsgekehrten Füße, anzeigt?
(Fig. 40) — Anders, sehen Sie wohl, ist der
Fall bey unserm obigen hofmeisternden Lehrer,
wenn er sich über das öftere Wiederkommen
des Fehlers schon zu unwillig fühlt, als daß
er das einfältige Dasitzen des Zöglings noch
getreu sollte nachahmen können, und gleichwohl auch von dem Wunsche noch zu eingenommen ist, durch anschauliche Darstellung
des Fehlers selbst zu beschämen und Besserung zu
bewirken. Eine volle Vereinigung der Nachahmung mit dem Ausdrucke des Unwillens ist

hier

P 10. f 40

J. Le Neil f.

hier unmöglich; denn die Werkzeuge sind für beyde die nehmlichen: es muß daher von beyden etwas aufgeopfert, beyde müssen zu einer gewissen mittlern Gebehrde verstümmelt werden, die weder so recht das Eine, noch so recht das Andere ist. Und so wird bey unsrem Erzieher der Mund nun zwar geöfnet, aber zugleich verzerrt seyn; die Unterlippe wird hangen, aber zugleich sich zur Seite ziehen; der Kopf wird vorfallen, aber viel zu weit sich herausstrecken; die Augen werden blinzeln, aber die zusammengezogenen Augenbraunen und die gerunzelte Stirne zugleich den Zorn verrathen. Kurz, das ganze Gesicht wird zur Carricatur werden, in welcher man neben der Nachäffung einer fremden Gebehrde zugleich den eignen Hohn und Unwillen des Redenden deutlich gewahr wird.

Wo keiner der hier angegebenen Fälle Statt findet; wo weder die Seele so in die Vorstellung eines Gegenstandes versenkt ist, daß Maleren

lerey und Ausdruk zu Eins werden, noch die
Absicht einen Gegenstand anschaulich zu machen herrscht, noch diese Absicht neben der Empfindung in einem merklichen Grade von Lebhaftigkeit besteht: da ist sowohl die reine Malerey, als die Verbindung einer malenden mit
einer ausbruckenden Gebehrde verwerflich; sie
ist im Widerspruch mit dem Zustande der Seele; sie ist weder absichtlich, noch analog, noch
physiologisch. Und nun beurtheilen Sie nach
den hier festgestellten Grundsätzen, ob ich in
meinem Vorigen Unrecht hatte, wenn ich das
Spiel des dort angeführten *Hamlets*, des
Schauspielers *Baron* und der Präsidentinn
in der *Mariane* verwarf. Es brauchte in
den Stellen, wovon die Rede war, keines mimischen Commentars, um die Worte verständlich zu machen; die Personen konnten nicht die
Absicht haben, die mitzutheilende Idee von
den Gegenständen ihrer Empfindungen bis zur
möglichsten Anschaulichkeit zu beleben; auch
er-

erlaubte ihnen das die Natur dieser Empfin=
dungen nicht; der Ausdruk derselben war von
der malenden Geberde zu sehr verschieden, er
war ihr völlig entgegengesezt.

Aber welches sind denn nun die Fälle, wo
die Seele wirklich ganz im Objekt ist? Wel=
ches die andern Fälle, wo die Absicht, eine
lebhafte Idee desselben mitzutheilen, entweder
herrscht, oder doch neben der Empfindung in
einem ohngefähr gleichen Grade der Stärke
besteht? — Wer so fragt, liebster Freund,
der verlangt von der Theorie mehr, als sie lei=
sten kann; er will so bestimmte, so genaue
Vorschriften, daß der Künstler alles eigenen
Nachdenkens überhoben und eben dadurch vom
Range des Künstlers bis zum Range des bloß
mechanischen Arbeiters erniedrigt werde. Die
Regel kann weiter nichts, als das ohnehin
schon vorhandne richtige Gefühl zu deutlichen
Begriffen entwickeln, das dann und wann schla=

schlafende oder irrende Genie des Künstlers
wecken und warnen, und in zweifelhaften Fällen ihm zu einer schnellern oder gewissern Ent-
scheidung verhelfen. Einige mehr specielle
Vorschriften ließen sich indessen noch geben,
z. B. die: daß der Schauspieler keine Ideen
und Empfindungen ausdrucken muß, die er zu
haben in der Rede verneint; ferner, daß er
sich, besonders bey metaphorischen Ausdrücken,
hüten muß, ja keine solchen Prädicate zu fassen, die außer der Vergleichung liegen und auf
die jetzige Idee oder Empfindung der Seele keine Beziehung haben. Wenn Freeport zu Lin-
danen sagt: „Mademoiselle, ich liebe Sie ganz
„und gar nicht" *); wie abgeschmakt wäre es,
wenn er in seine Mine den Ausdruk eines stillen zärtlichen Schmachtens legte? Oder wenn
Antonius dem römischen Volke sagt, er habe
dem Cäsar eine Krone geboten und Cäsar sie
ausgeschlagen; wie lächerlich wäre sein Spiel,
                                        wenn

*) S. l'Ecossaise Act. II. Sc. 6.

wenn er bey dem Worte Krone den Zeigefinger gegen die Erde kehrte und durch einen in der Luft beschriebenen Kreis die Ründe der Krone malte? wie weit lächerlicher noch, wenn er Cäsarn selbst die Krone der Helden nennte und eben eine solche Malerey dabey anbrächte? — Fehler dieser Art scheinen vielleicht zu abgeschmakt, als daß es einer Warnung davor bedürfte; aber welches ist wohl der Fehler, der nicht in der That begangen, und oft von Leuten begangen würde, die sich Wunder wie viel mit ihrem Geschmak und ihrer Beurtheilung dünken? Sollten Sie nie einem Rhapsoden zugehört haben, der zu seiner Declamation in einem weg Gebehrden macht und jedes Wort, jeden bildlichen Ausdruk, oft so possierlich malt, daß auch ein Crassus oder ein Cato alle Runzeln darüber verlieren könnte?

Es ist so sichtbar, daß Odoardo in der äussersten Ungeduld der Begierde ist, wenn er

zu

zu **Orsina** sagt: „Schütten Sie nicht Ihren
„Tropfen Gift in einen Eymer!" *) Es ist so
sichtbar, daß sein Spiel nur diese Ungeduld
auszudrucken hat; daß er sich unmöglich Zeit
lassen kann, der Gräfinn durch sorgfältige Aus-
malung der Metapher das, was ihm an ihr so
verhaßt ist, noch lange vorzubilden. Und
doch habe ich selbst — freylich nur in einer
Bude, in die ich mich einst aus Neugier schlich
— einen **Odoardo** gesehen, der jene bildliche
Redensart, was meynen Sie wie? zu geben
suchte. Erst erhob er, ganz nach der Regel
des **Riccoboni,** den rechten Arm, legte den
Zeigefinger an den Daumen und senkte beyde
gegen die Erde, als ob er etwas von ihnen
herabfliessen liesse: das war der Tropfen! (Fig.
41.) Dann hielt er beyde Hände ziemlich weit
von einander, spreizte alle Finger und schien
etwas von nicht geringem Umfange damit zu
um-

---

*) Emilia Galotti 4. Aufzug, 7. Auftritt.

P. 16. f. 41.

f. 42.

I. W. M. f.

umſpannen: das war der Eimer! (Fig. 42) —
Denken Sie nur nicht, daß ich dieſes Beyſpiel
aus meinem eigenen Kopf erdichte, um Sie
lachen zu machen; Sie kennen ja ſelbſt einen
Odoardo, der jedesmal beym Ausſprechen
des Wortes Eimer ſich mit voller Fauſt auf
den Wanſt ſchlägt: und iſt denn dieſer Fehler
weniger lächerlich, weniger unglaublich, als
jener? —

Das Bisherige, mein Freund, mag zur
Ausführung der Quintilianiſchen Regel
und zur Beantwortung Ihrer erſten Frage genug ſeyn: ob nicht durch dieſe Regel alle Ma-
ßen von der Schaubühne verbannt werde?
Ihre zweyte Frage, das pantomimiſche Schau-
ſpiel betreffend, beantworte ich in meinem folgenden Briefe.

Neun und zwanzigster Brief.

Zwar, meynen Sie, sey ich der Pantomime, wie es aus dem Anfang unsres Briefwechsels erhelle, nicht sonderlich hold: aber einmal sey es doch eine eigne mögliche Gattung von Schauspiel, eine Gattung, die gleich Anfangs bey ihrem Ursprunge, und noch unlängst bey ihrer Wiedererneuerung durch den berühmten Noverre, den ausgezeichnetsten Beyfall erhalten. Uebergehen könne ich sie um so weniger, da sie von der Hülfe der Rede so ganz entblößt, so ganz von der einzigen Kunst der Gebehrde abhängig sey, und ausdehnen könne ich die Regel, die ich für den Schauspieler festgesetzt, auf den Pantomimen unmöglich: denn dieser, wie ich selbst gestanden, könne gewisser malender Zeichen für die Objecte seiner Empfindungen nicht entbehren.

Ich

Ich hätte, glaub ich, hinzufügen sollen: wenn er sich in die Nothwendigkeit setzt, diese Objekte erst bezeichnen zu müssen; wenn er selbst den Dichter spielen und eigene Verwicklungen erfinden will. Denn allerdings lassen sich Pantomimen denken, in denen er alle dem Ausdruck hinderliche Malereyen vermeiden kann; und ob er einen Stoff, bey dem er sie nicht vermeiden kann, jemals wählen sollte? ist noch die Frage.

Es giebt Vorfälle im Leben, die nach allen dabey vorkommenden Umständen und Symptomen so allgemein bekannt sind und die zugleich so viel Eigenes haben, daß bey ihrer pantomimischen Vorstellung keine Frage über den Gegenstand seyn kann, der hier soll nachgeahmt werden. Sie erinnern sich wohl des pantomimischen Possenspiels, welchem einst auf einer der Societätsinseln die Engländer zusahen *),

B 2   und

*) S. Forsters Reise um die Welt. D. Uebers. Zweyter Band, S. 167.

und welches freylich nur unter einem solchen, noch so wenig gesitteten oder so wenig verderb= ten, Volke konnte gegeben werden. Oder Sie erinnern sich auch der Kriegestänze der wilden Amerikaner, worinn sie ihren Zu= schauern alle die bekannten Vorfälle eines Feld= zuges, den Ausmarsch, den Angriff, die Ge= fangennehmung, das Morden, den Rückzug, pantomimisch darstellen. *) — In diesem gan= zen Tanze hat der Krieger die fortdaurende Ab= sicht, die dann und wann auch der Schauspieler

in

*) Charlevoix Hist. de la Nouv. France T. III. p. 297. Il (le danseur) represente le depart des Guerriers, la marche, les campemens; il va a la decouverte, il fait les approches, il s'arrête, comme pour prendre haleine, puis tout-a-coup il entre en fureur & on diroit, qu'il veut tuer tout le monde; revenu de cet accès il va prendre quelqu'un de l'Affem- blée, comme s'il le faifoit prifonnier de Guerre; il fait femblant de caffer la tête a un autre, il couche un troifieme en jouë; enfin

il

in Erzehlungen, in Beschreibungen hat; er
will die Bilder gewisser Gegenstände so leben;
dig, so anschauend erwecken als möglich: und
so malt er denn zwar, aber mit eben der Be;
fugnis, womit der Schauspieler malt, und
malt völlig deutlich, weil alle wissen, was er
vorstellen will und weil das, was er vorstellen
will, eben diese seine körperlichen Bewegungen
sind, die er als natürliche Zeichen gerade so
gebraucht, wie der Maler seine Umrisse und
Farben. Willführlicher Zeichen würd es erst
dann bedürfen, wenn er Gegenstände oder
Vorfälle bezeichnen wollte, die etwas von sei;
nen körperlichen Stellungen und Bewegungen

B 3   selbst

il se met a courir de toute sa force. Il s'arrête ensuite & reprend ses sens: c'est la re-
traite, d'abord precipitée, puis plus tranquille.
Alors il exprime par divers cris les differentes situations, ou s'est trouvé son esprit pen-
dant sa derniere campagne & finit par le recit
de toutes les belles actions, qu'il a faites a
la guerre.

selbst Verschiedenes wären, oder wenn seine Zuschauer von der Bedeutung und dem Gebrauch dieser Stellungen und Bewegungen noch durchaus keine Kenntnis hätten.

Die komischpantomimischen Ballets, womit man die Vorstellungen auf unsern Bühnen zu beschliessen pflegt, sind guten Theils ähnliche Darstellungen von ganz gewöhnlichen und bekannten Vorfällen, die man ohne Dollmetscher durch den bloßen Anblick versteht. Wer kennt nicht die Freuden eines Aerntefestes, die mancherley Scenen eines Jahrmarkts, einer Schenke, eines Coventgardens? Auch solche Stücke, die nach Art der lust= und Trauerspiele eine eigne Verwicklung an= spinnen, den Knoten schürzen und auflösen, lassen sich pantomimisch ausführen, ohne daß zur Verständigung des Zuschauers mehr als selbst der richtige Ausdruk der Empfindungen nöthig wäre. — Lassen Sie einen Schäfer
bey

bey dem Anblick einer jungen reizenden Schäferinn plötzlich gerührt werden; er nähere sich
ihr zärtlich und ehrerbietig; Sie, voll schüch-
terner Schamhaftigkeit, wende sich ab und
verlasse die Bühne; nach wenig Augenblicken
komme sie, dem Schein nach betroffen, aber
im Grunde froh, ihn noch wiederzufinden,
zurück; er verstehe ihr Wiederkommen, lege
ein Band, einen Blumenstraus, was Sie sonst
wollen, als ein Opfer der Liebe zu ihren Füßen:
noch sey sein Glück unentschieden, da ein anderer Liebhaber hinzukomme und sie belausche;
es falle eine Scene der Eyfersucht vor; das
ganze Betragen der Schäferinn zeige, daß
sie nie diesem Andern Erwartung der Gegen-
liebe und also auch kein Recht zur Eifersucht
gab: nun erscheine die, die auf das Herz dieses zweyten Liebhabers die frühern Ansprüche
hat, und ihr Anblick, ihr Unwille, ihre Nie-
dergeschlagenheit vermöge ihn, reuig und be-
schämt zu der ersten Liebe zurückzukehren: die

B 4 Ver-

Vermittelung jenes erſten Paars bewege endlich die Zürnende zur Verſöhnung, und erkennt-
lich dafür helfe nun wieder der zweyte Liebhaber jenem erſten zu ſeinem Glücke: was iſt
hier Dunkles und Unverſtändliches in der ganzen Art, wie die Handlung anfängt, fort-
geht, endigt? Wer lieſt hier nicht in dem
bloßen Spiel der Minen, in Bewegungen
und Stellungen der Perſonen, alle ihre ſo natürlichen, der ganzen Menſchheit und jedem
Geſchlecht insbeſondere ſo gemeinen Empfindungen? Wer wird über einen Knoten, der
faſt in jeder Liebesgeſchichte wiederkommt, über
eine ſo gewöhnliche, ſo alltägliche Entwickelung dieſes Knotens Erklärung fodern? Das
Auge eines jeden macht hier die Expoſition und
das Herz die Erzehlung. —

Doch auch das iſt ſo nothwendig nicht,
daß die Begebenheiten und Handlungen die
gewöhnlichen, die alltäglichen ſind. Lafi-
tau

tau erzehlt uns *), daß oft nach einem glück
lich geendigten Feldzuge der Irokesische An
führer unter seinen Landesleuten auftritt und
ihnen diesen Feldzug nach allen seinen Vor
fällen beschreibt. Kaum hat er geendigt, so
springen alle Anwesenden auf und bringen die
ganze Erzehlung in einen pantomimischen Tanz.
Hier, sehen Sie wohl, dürfen nun die Bege
benheiten nicht mehr die gewöhnlichen, die
in jedem Feldzuge wiederkommenden seyn; sie

B 5

kön

*) Mœurs de Sauvages. T. I. p. 523. Plu-
fieurs de ceux, qui ont vecu parmi les Iro-
quois, m'ont assuré, que souvent, après qu'un
chef de Guerre a exposé a son retour tout ce
qui s'est passé dans son expedition & dans les
combats, qu'il a livrés ou soutenus contre les
ennemis, sans en omettre aucune circonstan-
ce, alors tous ceux, qui sont présens a ce ré-
cit, se levent tout d'un coup pour danser,
& représentent ces actions avec beaucoup de
vivacité, comme s'ils y avoient assisté, sans
néanmoins s'y être preparés & sans avoir con-
certé ensemble.

können so viel Eignes und Besondres haben,
als man nur will: sobald sie nur mit den wahrsten, den bedeutendsten Stellungen und Ge-
sten angedeutet werden; so wird ein jeder, der
mit Aufmerksamkeit die Erzehlung gehört und
die Begebenheiten nach ihrer ganzen Folge
wohl ins Gedächtnis gefaßt hat, den Tanz
von Anfang bis zu Ende verstehen und bey jeder neuen Scene den hier ausgeführten Punkt
der Erzehlung angeben können.

Eben so auch bey uns, wenn zwar keine
ganz gemeine Begebenheiten, keine ganz alltägliche Handlungen, aber doch solche vorge-
stellt werden, von deren Beschaffenheit, Ent-
stehung, Verlauf wir schon zum voraus hinlänglich unterrichtet sind. Wir dürfen als-
dann nur den Anschlagzettel sehen, nur den
Namen der Pantomime hören, und wir finden keine Schwierigkeit mehr, den Bewegungen und dem Spiel der Tänzer vom ersten bis

zum

zum letzten Augenblicke zu folgen. Oft auch
können wir des Anschlagzettels, des Namens
der Pantomime entbehren: denn die Gruppe
der Personen selbst, und vielleicht irgend ein
Besondres, wovon wir wissen, daß es gerade
bey dieser Handlung vorkommt, bringt uns
sogleich die ganze vorzustellende Begebenheit in
Gedanken. — Dieß war der Fall auf der
alten Bühne mit dem Schäfer auf Jda. Man
durfte nur die drey in ihrem Character sich
so sehr unterscheidenden und nach diesem Charakter so allgemein bekannten Göttinnen; durfte nur den Schäfer und das Gebirge und vor
allem nur den goldenen Zankapfel erblicken: so
war ein jeder von Allem, was er zu erwarten
hatte, unterrichtet; nichts konnte in den Minen
und Bewegungen der Juno, der Minerva,
der Venus, nichts in den Ausdrücken des
bewundernden, zweifelnden, zuletzt von der
Venus hingerissenen Paris mehr unverständ-
lich und zweydeutig bleiben. Dieß würde
auch

auch auf den neuern Bühnen der Fall seyn, wenn wir es uns erlaubten, die sogenannten Mysterien oder die Erzehlungen der biblischen Geschichte in Pantomimen zu verwandeln. Jedermann kennt diese Erzehlungen aus dem ersten Unterricht; und wer nur einen Baum, mit einer Schlange umwunden, wer nur unter dem Baume Mann und Weib erblickte, der würde sogleich alles folgende bis auf den Cherub mit dem flammenden Schwerte verstehen. Verstand doch Clarke, so wenig er auch des Spanischen mächtig war, die ganze zu Madrit vorgestellte heilige Leidensgeschichte *).

Ein nur flüchtiges Nachdenken muß Sie sogleich überzeugen, daß bey solchen Gegenständen, wie hier beschrieben worden, durch

aus

*) S. Letters concerning the Spanish Nation by the Rev. Edward Clarke. L. 6.

aus keine Nothwendigkeit für den Pantomimen ist, von der Regel des Schauspielers ab-
zuweichen. Entweder herrscht offenbar in
seiner Seele die Absicht, die Idee gewisser Gegenstände bis zur möglichsten Anschaulichkeit
zu beleben; eine Bedingung, unter welcher
die volle Malerey auch dem Schauspieler erlaubt ist: oder das ganze Stück ist durch den
Ausdruck der Empfindungen selbst völlig verständlich; oder es ist schon zum voraus nach
seiner ganzen Verwicklung, dem ganzen Gange der Handlung bekannt; der bloße Anblick
und die Folge der Empfindungen macht die
Erzehlung oder scheint sie vielmehr zu machen — denn im Grunde macht sie der Zuschauer sich selbst. Und wenn also, in den
hier angenommenen Fällen, der Pantomime
für die Verständigung des Zuschauers so gar
nicht zu sorgen oder doch so wenig ängstlich zu
sorgen hat: warum soll er nicht das zu seinem Hauptgeschäft machen, daß er den Em-

pfin-

pfindungen seiner Seele den vollsten, kräftig-
sten, lebendigsten Ausdruk gebe? Warum
soll er bezeichnen wollen, was er doch nie deutlich oder hinlänglich bezeichnen kann, und darüber das, was er so völlig kann, die Darstellung der Affekten seiner Seele, entweder ganz
zurücksetzen, oder doch vernachlässigen und
schwächen? — —

Wenn ich die Nachrichten, die wir von
den Gegenständen der alten Pantomime übrig
haben, vergleiche und besonders, wenn ich
das lange Verzeichnis derselben beym Lucian
lese; so finde ich, daß diese Kunst sich nie mit
eignen Erfindungen, immer mit den durch
Tradition und Schauspiele schon längst bekannten Fabeln der Mythologie oder der ältern
Geschichte abgab: und dann wird mir auf
einmal das viele Wunderbare, das man uns
von der Geschicklichkeit eines **Pylades**, eines
Bathylls und anderer späterer Pantomimen
erzehlt

erzehlt und das mir sonst durchaus unbegreiflich wäre, recht sehr begreiflich. Die Zuschauer, wenigstens die Meisten unter ihnen,
wußten schon alles, was die Pantomimen an-
deuteten und ausdruckten; und wie leicht also
konnten sie zu dem Trugschlusse verleitet werden: daß ihnen wirklich das Gebehrdenspiel
alle die Ideen mitgetheilt, die doch schon
längst in ihrem Gedächtnisse schlummerten
und so leise schlummerten, daß sie zur Wie-
dererweckung nur eines ganz geringen Anstos-
ßes bedurften. So erkläre ich mir den Ausruf des Cynikers Demetrius beym Lucian *): so die Anekdote von dem königlichen
Prinzen aus Pontus, der sich vom Nero einen Pantomimen zum Geschenk erbat, um
ihn in Unterredungen mit Fremden gebrau-
chen

*) Περι Ορχησεως. Ed. Reiz. T. II. p. 302.
Ακεω, ανθρωπε, α ποιεις, ουχ ορω μονον,
αλλα μοι δοκεις ταις χερσιν αυταις λαλειν.

chen und der Dollmetscher entrathen zu kön=
nen *).

Vorausgeſetzt: die Pantomime, welcher
dieſer Fremde zuſah, habe keine der ganz ge=
meinen, keine derjenigen Handlungen ausge=
führt, die aus den erſten Trieben der menſchli=
chen Natur und den alltäglichen Vorfällen
des Lebens von jedem begriffen werden; ſo ſe=
he ich ſchlechterdings nicht ab, wie man die
Anekdote auf eine andre Art erklären könne,
ohne von Schwierigkeiten in Schwierigkeiten
zu gerathen. Das vollkommenſte Gebehrden=
ſpiel, wenn es nicht im eigentlichen Sinne
Sprache war, konnte den Prinzen unmöglich
über eine ihm unbekannte Handlung verſtän=
digen; es konnte ihn nur auf ſo oder ſo eine
Situation herumrathen, aber nichts mit Deut=
lichkeit, nichts mit Gewißheit erkennen laſſen.
Und war das Gebehrdenſpiel des Pantomimen
wirk=

*) Ebendaſelbſt.

wirklich Sprache; so läßt sich wiederum nicht
begreifen, wie der Prinz, ohne Unterricht
und Uebung darinn, sie habe verstehen können.
Freylich würde eine solche Sprache keine
Sammlung von ganz willkührlichen, ganz
aus der Luft gegriffenen Zeichen seyn, die durchaus keinen objectiven Grund hätten; denn das
war noch nie eine Sprache und das kann keine
seyn: aber sie würde doch auch, wie jede Sprache in der Welt, sich mit gewissen gemeinsa-
men Merkmalen, mit Aehnlichkeiten behel-
fen müssen, die auf eine ganze Menge von Objecten gleich gut und also im Grunde auf keines
hinwiesen; mit Zeichen, von denen man unmöglich die festgesetzte Bedeutung errathen
könnte, wenn man nicht schon vorher darüber
verständiget worden. Die Sprache, in welcher, beym Rabelais, Panurg und der Engländer sich unterhalten *), könnte aus ganz be-
queme

---

*) S. Oeuvres de Rabelais T. I. Ch. XVI. Com-

quemen, ganz wohlgewählten Zeichen bestehen:
für mich wäre sie dennoch bedeutungsloser Unsinn, und würde es bleiben, wenn ich der alt-
französischen Redensarten und Wendungen
auch noch so mächtig wäre.

Etwas Anders, aber doch etwas Aehnli-
ches, hat über diese Sache schon der heilige
Augustin gesagt *) und zugleich durch das
Beyspiel der Carthaginenser bewiesen, wie wenig sich ohne Unterricht eine Zeichensprache
verstehen lasse. Er erzehlt nehmlich, daß Anfangs zu Carthago ein eigener Dollmetscher
die Zeichen der Pantomimen den Zuschauern
habe

ment Panurge fit quinault l'Anglois, qui ar-
guoit par signes. — Beym Fischart fehlt dieses Hauptstück.

*) De Doctr. Christ. L. II. c. 25. Quia multis
modis simile aliquid alicui potest esse, non
constant talia signa inter homines, nisi con-
sensus accedat.

habe erklären müssen. Indessen steht es dahin,
ob nicht im Grunde diese Erklärung mehr darauf hinausgelaufen, daß die Zuschauer mit
den Fabeln und Geschichten selbst, welche man
auf der Bühne vorstellte, bekannter gemacht
wurden, und ob nicht mehr die Zeichen durch
die Sache, als die Sache durch die Zeichen,
verstanden worden. Denn eine hinlänglich
vollständige Sammlung von solchen allgemeinen Zeichen, wie es unsre Sprache ist, durch
deren andre und andre Zusammensetzungen immer neue unbekannte Gedankenreyhen verständlich können ausgeführt und mitgetheilt
werden, so eine Sammlung kann ich mir unter den Zeichen der alten Pantomimen nun
einmal nicht denken. Eine solche vollkommne-
re Sprache ist wahrlich so leicht nicht erfunden
und wahrlich auch so leicht nicht erlernt.

Dreys-

Dreyſſigſter Brief.

Der Pantomime der neuern Zeiten hat kein
Vorrecht vor dem Pantomimen der ältern:
wenn er nicht ganz gemeine oder ſchon
ganz bekannte Handlungen ausführen, wenn
er neue und eigne Verwickelungen erfinden will;
ſo muß er Eins von beydem: entweder malen,
Zeichen erfinden, ſo bedeutend er kann, und
es dem guten Glück überlaſſen, wie viel die
Zuſchauer von dieſen ſchwankenden ungewiſſen
Zeichen werden enträthſeln können, oder er
muß den Erklärer zu Hülfe rufen, der das
durch Rede verſtändlich mache, was ſich durch
Gebehrde nie vollſtändig angeben läßt. Das
letztere aber will Noverre durchaus nicht;
er ſagt von der Kunſt, die zu ſolchen Hülfs-
mitteln ihre Zuflucht nimmt, daß ſie nur
noch in der Kindheit ſey, nur noch ſtamm-

le.

le *). Eben so wenig will er, daß man sich
jener malenden ungewissen Zeichen bediene;
denn ob er gleich nicht, so viel ich mich erinn=
re, ausdrücklich auf diese Materie kommt; so
läßt es sich doch leicht aus dem, was er sonst
sagt, entwickeln.

Zuerst gesteht er, die Kunst der Panto=
mime könne zu unsren Zeiten das nicht mehr
leisten, was sie zu den Zeiten Augusts gelei=
stet — ich setze hinzu: nach den großen, viel=
leicht übertriebnen Ideen, die wir uns von
ihr aus den rednerischen Lobsprüchen der Alten
machen; — es gebe, fährt er fort, eine Men=

C 3   ge.

*) Lettres sur la danse & sur les ballets. p. 106.
Sous le regne de Louis XIV. les récits, les
dialogues & les monologues servoient d'inter-
pretes a la danse. Elle ne faisoit que béga-
yer. Ses sons foibles & inarticulés avoient
besoin d'etre soutenus par la Musique & d'etre
expliqués par la Poésie, cet.

ge Dinge, die sich durch das Gebehrdenspiel
nicht mehr verständlich bezeichnen ließen; aller
ruhige Dialog finde keinen Platz in der Pantomime *). Das heißt, denk ich, sehr deutlich
sagen: die Pantomime habe keine andre Sprache, als die der Empfindung, und was wir also
von ihr durch den Ausdruck dieser Empfindung,
verbunden mit dem ganzen Anblik der Personen und ihrer sichtbaren Lage, nicht begriffen;
darüber uns zu verständigen, geb' es kein Mittel. — An einem andren Orte, wo er gegen
den Gebrauch der Rede zur Erklärung der Pantomimen eyfert, und Stücke, die deren bedürfen, mit jenen alten Gemälden vergleicht,
unter welche die ungeschickten Maler die Namen der vorgestellten Personen schrieben, giebt
er die Mittel an, wie ein Ballet so einzurich-
ten sey, daß es dieser Hülfe entbehren könne;
und unter allen diesen Mitteln ist durchaus keine

*) Ebendas. S. 19.

ne Maleren der Objekte, sind durchaus keine
verabredeten Zeichen, deren Verbindung eine
Art von eigentlicher Sprache gäbe *).

C 4   Aus

*) S. 112. 113. Lorsque les Danfeurs, animés
par le fentiment, fe transformeront fous mil-
le formes differentes avec les traits variés des
paffions; lorsqu'ils feront des Prothées &
que leur phyfiognomie & leurs regards trace-
ront tous les mouvements de leur ame; lorsque leurs bras fortiront de ce chemin etroit,
que l'ecole leur a prefcrit, & que parcourant
avec autant de grace que de vérité un efpace
plus confidérable, ils decriront par des pofi-
tions juftes les mouvements fucceffifs des
paffions; lorsqu'enfin ils affocieront l'efprit &
le genie a leur Art: ils fe diftingueront, les
récits dèslors deviendront inutiles; tout par-
lera; chaque mouvement dictera une phrafe;
chaque attitude peindra une fituation; chaque
gefte dévoilera une penfée; chaque regard
annoncera un nouveau fentiment; tout fera
feduifant parceque tout fera vrai et que l'imi-
tation fera prife dans la nature.

Aus diesen Stellen — und ich könnte
ihrer mehrere von gleichem Tone anführen, —
erhellet meines Erachtens ganz deutlich, daß
der Meister in der Kunst und der beste Schriftsteller, den wir darüber haben, nichts auf seiner Bühne dulden will, was nicht durch den
Ausdruck der Empfindungen selbst verständlich
ist. Aber was für Gegenstände können das
seyn, sobald es nicht mehr jene gemeinen und
alltäglichen Handlungen seyn sollen? Die
Geschichten der Religion zu behandeln, war
dem alten Pantomimen erlaubt und ist es
dem unsrigen nicht; Vorstellungen dieser Art
beleidigen den Ungläubigen, wie den Gläubi-
gen, und den erstern oft mehr als den letztern;
es bleibt also nichts als das zweyte Hülfsmit-
tel der Alten übrig: der Pantomime muß die
bekanntesten Werke der Dichtkunst zum Grunde legen und wegen der Exposition sich größtentheils auf das Gedächtniß seiner Zuschauer
verlassen. Hiermit stimmt denn auch völlig
das

das Verfahren derjenigen überein, welche die
neuere Pantomime zu dem Glanze jener alten
haben emporheben wollen.

Du Bos, aus dessen vortreflichem Werke
ich Ihnen die Stellen nicht erst hersetzen will,
worinn er die Nothwendigkeit, schon bekannte
Sujets für die Pantomime auszuwählen, be=
hauptet *), erzehlt uns den ersten Versuch,
den man in Paris mit Wiederherstellung je=
ner alten Pantomime gemacht hat. „Eine
„Prinzessinn, sagt er, die viel natürliches Ta=
„lent mit viel erworbenen Kenntnissen verei=
„nigt und eine große Liebhaberinn der Bühne
„ist, verlangte vor ohngefähr zwanzig Jah=
„ren, einen Versuch zu sehen, aus welchem sie
„sich von den Vorstellungen der alten Panto=
„mimen einen bessern Begrif machen könnte,
„als ihr die Lesung der alten Schriftsteller gab.

C 5

*) Reflex. critiq. T. III. p. 276.

„Es fehlte an Schauspielern, die sich hinläng-
„lich auf diese Kunst verstanden hätten, und
„sie wählte also einen Tänzer und eine Tänze-
„rinn von sehr ausgezeichneter Geschicklichkeit
„und selbst von Erfindungsgeiste. Diese ließ
„sie durch bloße Gebehrden die Scene aus
„dem vierten Act der Horazier des Corneille
„ausführen, wo der junge Horaz seine Schwe-
„ster Camilla tödtet; mehrere Instrumente
„spielten dazu eine Musik, die ein geschickter
„Tonkünstler, Herr Mouret, zu den Wor-
„ten dieser Scene, als ob sie hätten sollen ge-
„sungen werden, ausdrücklich gesetzt hatte.
„Unsre beyden Anfänger in dieser Kunst rühr-
„ten einander selbst, durch ihre Gebehrden
„und Bewegungen, bis zu Thränen, und man
„wird wohl nicht erst fragen, ob sie auch ihre
„Zuschauer rührten? *)"

Was

*) Ebendas. S. 285. fg.

Was hier mit einer einzelnen Scene ver-
sucht ward, das hat nachher Noverre mit
dem ganzen Schauspiele des Corneille ausgeführt, und hat es mit mehrern gleich bekannten Schauspielen eben aus dem Grunde auszu-
führen gerathen, weil sonst die Pantomimen
nicht genug möchten verstanden werden. —
„Die Stücke, sagt er, in welchen ein Pyla-
„des und Bathyll auftraten, waren durch-
„aus bekannt; der bloße Name diente den Zu-
„schauern statt eines erklärenden Programms;
„sie hatten die ganze Geschichte schon im Ge-
„dächtniß und folgten nicht allein dem Tänzer
„ohne Mühe, sondern liefen ihm auch mit
„ihrer Erwartung zuvor. — Und werden
„denn nicht wir, fährt er fort, den nehmli-
„chen Vortheil haben, wenn wir die am mei-
„sten geschätzten Stücke unsres Theaters in
„Pantomime setzen? Sind wir etwa weniger
„gut organisirt, als die Tänzer von Rom,
„und ist etwa das, was zu Augusts Zeiten
„mög-

„möglich war, zu den unsrigen nicht mehr
„möglich? Es wäre Erniedrigung der Mensch;
„heit und Ungerechtigkeit gegen Geist und Ge;
„schmack unsres Jahrhunderts, so etwas den;
„ken zu wollen *)."

Ich habe Ihnen das, was schon aus der
Natur der Sache erhellt, auch durch das Ur;
theil und die eigene Praxis des besten Meisters
beweisen wollen; nehmlich: daß zu Pantomi;
men kein unbekannter Stoff, mithin kein sol;
cher gewählt werden muß, bey welchem Ma;
lereyen und Zeichen zur Exposition der ganzen
lage der Personen und des ganzen Ganges der
Handlung durchaus unentbehrlich sind. Ich
sage, daß dieses nehmliche schon aus der Na;
tur der Sache erhellt: denn wenn, wie es sicht;
bar der Fall ist, die Zeichen für abwesende
oder unsinnliche Gegenstände doch immer höchst
dun;

*) A. angef. O. S. 76.

dunkel bleiben, wenn sie fast aus lauter allgemeinen, schwankenden, vieldeutigen Malereyen bestehen; so kann unmöglich durch sie
ein Werk recht verstanden werden: und was
nicht verstanden wird, kann nicht gefallen,
nicht rühren, kann keine der ästhetischen Wir-
kungen hervorbringen, die man sich bey Werken schöner Künste zum Zweck setzt. Nur der
Reiz des äussren Anblicks der Bühne und der
Personen, das Geschmackvolle der Verzierun-
gen, der Pomp der Aufzüge, die Anmuth
und Mannichfaltigkeit der Bewegungen, verbunden mit der vielleicht schönen Begleitung
der Instrumente; nur diese Dinge können dann
noch Zuschauer locken: das Stück selbst, als
Stück, als Entwickelung von Begebenheiten,
als Handlung, kann unmöglich mehr interes-
siren. Und so bleibt es denn, auch in Ansehung des Pantomimen, ganz bey der Regel
des Ausdrucks, die dem Schauspieler gegeben
ward; denn noch einmal: bey einem Stoffe,

wo er der Malereyen entbehren kann, soll er
sich ihrer auch wirklich, unter den festgesetzten
Ausnahmen, enthalten, und einen Stoff, wo
er ihrer nicht entbehren kann und den Aus=
druck um ihrentwillen zerstören müßte, soll er
gar nicht behandeln.

Freylich aber kommt, auch bey der Be=
handlung schon bekannter Stücke, alles auf
die Art und Weise an, wie der Pantomime
verfährt. Denn wenn er nicht den Rath, den
ihm Noverre in Beziehung auf den Plan des
Ganzen giebt, auch in Ausführung jeder ein=
zelnen Scene befolgt; wenn er nicht die Be=
gebenheiten einander näher rückt, die zer=
streuten Gemälde mehr vereinigt, die ganze
Handlung mehr zusammendrängt *); wenn
er

*) S. Noverre p. 74. Refferrés l'action, retran-
   chés tout dialogue tranquille, rapprochés les
   incidens, reunisfés tous les tableaux epars, &
   vous réuffires.

er dem Dichter Schritt vor Schritt durch
seine ganze Ideenreyhe folgt und jede Redens=
art, jedes Bild, jede Wendung durch sein
Spiel zu geben sucht: so verliert er auf der ei=
nen Seite den ganzen Vortheil wieder, den
er auf der andren gewann; das Spiel wird
langweilig oder wird Theilweise unverständ=
lich — denn wer hat alle Reden des Dich=
ters so genau im Gedächtnis? — es besteht
entweder aus Wiederholungen einförmiger,
wenigstens sehr ähnlicher Ausdrücke, oder es
verwickelt sich in allerhand seltsame, unzurei=
chende, den Ausdruck zerstörende, oft vielleicht
höchst unanständige Malereyen. In höchst=
unanständige, sag ich: denn ein Bild, das
für die Imagination groß, edel, schrecklich
seyn kann, muß, mimisch dargestellt; nicht sel=
ten klein, niedrig, possenhaft werden. Ich
weiß nicht, ob Sie bey der pantomimischen
Vorstellung der Horazier zugegen waren, die
man einmal hier dem Noverre nachzustüm=

pern

pern wagte. Welch wunderliches Zeug kam
da in der Stelle vor, wo Camilla ihren Bru=
der, ihr Vaterland, jeden einzelnen Römer
verwünscht! Schon die Art, wie die Zeilen
gegeben wurden:

> Qu'elle (Rome) fur foi même renverfe
> fes murailles
>
> Et de fes propres mains dechire fes
> entrailles *);

wie Geschmacklos, wie nichtssagend war sie!
Aber wie weit Geschmackloser noch die Malerey
eines Gedankens, den der Verfertiger der
Pantomime aus der Fülle seines eignen Genies
hinzugethan hatte, und der vermuthlich der
war: Möchte Rom von der Erde verschlungen
werden! Für die Phantasie ist dieses Bild nicht
blos edel und groß, sondern schrecklich: man
sieht die Erde einen weiten Schlund, fürch=
terlicher als der Rachen eines Meerungeheuers,

auf=

*) Horace Act. IV. Sc. 5.

J. W. Sc. f.

aufreiſſen, um in ihrem Bauche ein ganzes mächtiges Volk zu begraben: aber in der mimiſchen Malerey? — wie niedrig, wie lächerlich, ſelbſt wie eckelhaft ward die Vorſtellung! Erſt wies die Tänzerinn nach hinten, vermuthlich auf die Gegend hin, wo man ſich Rom denken ſollte; dann bewegte ſie die Hand mit Heftigkeit gegen die Erde; dann riß ſie Fratzenweit — nicht den Rachen eines Ungeheuers, ſondern ihren eigenen kleinen zierlichen Mund auf und warf mehrmalen hintereinander ihre geballte Fauſt dagegen hin, als ob ſie mitten im gierigſten Schlingen begriffen wäre. (Fig. 43.) Ein Theil der Zuſchauer lachte, ein anderer ſchien wegen der Bedeutung verlegen. Und in der That; wie nur errathen, wie nur muthmaßlich iſt der Sinn, den ich oben dieſer Grimaſſe gegeben habe! wie eine ganz andre, ganz verſchiedne Erklärung des nehmlichen Spiels iſt noch möglich! —

Mimik 2. Theil.   D   Wenn

Wenn einmal wirklich eine Gebehrden⸗
sprache, die diesen Namen verdiente, sollte er⸗
funden werden; so würden dergleichen sclavi⸗
sche Uebertragungen aus der Wörtersprache
als höchststeife, höchstelende Uebersetzungen
erscheinen, in welchen das Genie beyder Spra⸗
chen völlig aus der Acht gelassen und dadurch
zugleich die ganze Farbe des Styls verändert
worden. Ich fürchte sehr, daß auch die aus
dem Dubos von mir angeführte Vorstellung
in dieser Rücksicht der Kritik manche Blößen
gegeben: wenigstens ist mir der Umstand ver⸗
dächtig, daß Mouret nicht die Bewegungen
der Tänzer, sondern die Worte des Corneille,
als ob sie hätten sollen gesungen werden, in
Musik setzte. — Indessen, da es eine Prinzeß⸗
sinn war, welche zu dieser Vorstellung die Idee
gab, so tritt hier die Kritik bescheiden zurück:
eine Prinzessinn, mein Freund, hat niemals
Unrecht.

Ein

Ein und dreyſſigſter Brief.

Nicht, wie Sie ſagen, aus meinen Grund⸗ ſätzen; aus den Grundſätzen des *Noverre* ſelbſt, dem ich Schritt vor Schritt gefolgt bin, müßte der geringe Werth der Pantomime er⸗ hellen, den Sie aus meinem Räſonnement ha⸗ ben ſchlieſſen wollen. Ich will nicht fragen, ob der Geſichtspunkt, aus welchem Sie den Werth eines Schauſpiels einzig zu beurthei⸗ len ſcheinen, nicht vielleicht zu eingeſchränkt iſt; ich will Ihnen nur geſtehen, daß ich alle die Folgerungen, durch die Sie mich ſcheinen eintreiben und verwirren zu wollen, ohne Be⸗ denken für wahr erkenne. Wenn der Pan⸗ tomime, ſobald er über die gemeinen alltägli⸗ chen Vorfälle hinausgeht, lauter ſchon vor⸗ hin bekannte Fabeln bearbeiten muß; ſo iſt ſeine Kunſt in der That eine unvermögende,

D 2 abhän⸗

abhängige Kunst, die der Hülfe der Rede nur
zu entbehren scheint, ohne ihrer wirklich entbehren zu können: wenn ferner die wenigsten
tragischen und komischen Meisterstücke den Zuschauern so durchaus nach allen einzelnen Scenen bekannt sind; so bleibt freylich das pantomimische Spiel theilweise noch immer räthsel-
haft, so daß in der Einsicht des ganzen genauen
Zusammenhanges der Begebenheiten sich hie und
da beträchtliche Lücken finden: wenn endlich aller
ruhige Dialog hinwegfallen und sich immer Begebenheit an Begebenheit drängen soll; so geht
allerdings gerade das verloren, was den feinern Kenner im Schauspiel am meisten reizt:
die vollständige Darstellung der Charaktere
nach der ganzen Mischung und gegenseitigen
Proportion der Neigungen und Kräfte; die
Entwickelung des ganzen oft so feinen Spiels
der Leidenschaften, der verborgensten Triebfe-
dern und Bewegungsgründe. — Darum
kann denn doch immer die Pantomime noch
sehr

sehr viel Anziehendes haben: was der Geist
verliert, können die Sinne gewinnen; und
bey den Römern, deren großen Enthusiasmus
für diese Art des Schauspiels Sie mir entge»
gensetzen, gewannen wahrlich nicht bloß die fei»
nern Sinne.

Aber, fahren Sie fort, sollte denn das,
was vielleicht nur verloren ging, nicht wieder
können hergestellt; sollte das, was vielleicht
noch niemals war, nicht mit der Zeit können
erfunden werden? Sollte eine Sprache durch
Minen und körperliche Bewegungen nicht eine
eben so mögliche Sache seyn, als eine Sprache
durch Laute?

Eben so möglich, mein Freund? es sey! so
würden doch gegenwärtig alle die Bedingun»
gen fehlen, unter welchen sie wirklich werden
könnte. Jede Sprache, soviel ich weiß, geht
aus einer kleinen Gesellschaft von Menschen

D 3					aus,

aus, koſtet, ehe ſie von einer Stufe der Vollkommenheit zur andern fortſchreitet, unglaublich viele Anſtrengungen des Genies, wird
durch das Bedürfnis, die Mutter aller großen Erfindungen, beydes hervorgebracht und
vollendet. Jetzt aber ſind die großen Geſellſchaf-
ten bereits errichtet; das Genie, wie kühn und
feurig es ſey, wird durch die Unmöglichkeit,
das ſchon Geleiſtete zu erreichen, von allen
Verſuchen abgeſchreckt; und auch das Bedürfnis iſt durch Erfindung und Vervollkommnung
der Wörterſprache, die zu allen Zwecken ſchon
ſo völlig hinreicht, vernichtet. Wenn nicht
in irgend einem abgeſonderten Winkel der Erde ein Menſchengeſchlecht entſteht, das gleich Anfangs auf den Gebrauch von ſichtbaren Zeichen
verfällt; wenn nicht auch dieſes Geſchlecht
durch eine Verbindung glücklicher Umſtände
zu höhern Graden der Cultur emporklimmt;
wenn es nicht ganze Jahrhunderte hindurch
ſeine Bemühungen, ſich durch körperliche Be-
wegun-

wegungen zu verständigen, unablässig fortsetzt:
so mögte wohl nie eine Gebehrdensprache, die
sich nur einigermaßen mit der Wörtersprache
vergleichen liesse, zu Stande kommen. Denn
daß ein schon redendes Volk, wie es alle uns
bekannten Völker der Erde sind, sich einmüthig,
mit voller Anstrengung und ganze Menschen-
alter hindurch, um etwas ganz Entbehrliches,
ganz Unnützes bemühen sollte; das läßt sich
doch wahrlich, bey aller übrigen Thorheit der
Menschen, nicht denken. Auch scheint es mir
zweifelhaft, ob dadurch, daß die Wörtersprache bereits vorhanden ist, die Erfindung einer
Gebehrdensprache um ein vieles würde erleichtert werden. Eher wohl gar erschwert: denn
höchst wahrscheinlich würde man die neue
Sprache nach dem Muster der alten modeln
wollen; und es wäre noch sehr die Frage: ob
die natürliche Form der einen die gleich natürliche der andern seyn würde?

Doch)

56

Doch auch das muß ich zurücknehmen,
was ich Ihnen nur vorläufig gelten ließ: daß
die Erfindung einer Gebehrdensprache eben so
möglich, eben so leicht sey, als die einer Wör=
tersprache. Ich beziehe mich, was die man=
cherley Vorzüge der hörbaren vor den sicht=
baren Zeichen betrift, auf die so bekannte
Herderische Schrift *) und werfe hier nur
einen einzelnen flüchtigen Gedanken her, der
mir aus den bisherigen Betrachtungen wie von
selbst entgegenspringt, und den ich gerne näher
geprüft sähe.

Der Mensch hat mit der Sprache zwey=
erley Absicht; er will die Ideen von den Ob=
jecten mittheilen, die ihn beschäftigen, und
will die Art und Weise mittheilen, wie er von
diesen Objecten gerührt wird. Das letztere,
wenn es auch nicht Absicht wäre, ist doch in=
neres

*) Ueber den Ursprung der Sprache. S. 100. fgg.

neres dringendes Bedürfnis seiner Natur, deſſen Befriedigung er, im Zuſtande der Leiden-
ſchaft, ſich nie zu verſagen weiß. Die Wörterſprache hat zu dieſem Behufe ihre Interjectio-
nen; die Pantomime ihre ausdruckenden Gebehrden: und dieſe letztern, wenn ſie auch
nichts kräftiger, nichts lebendiger als jene erſtern
wären, ſind doch vielleicht klärer, mannich-
faltiger, beſtimmter; laſſen ſich vielleicht durch
Willführ noch weniger als jene Laute zurück-
halten. Der träge Wilde, deſſen Thätigkeit
immer nur durch gegenwärtiges dringendes
Bedürfnis geweckt wird und daher immer lei-
denſchaftlich iſt, konnte vielleicht ſchon des-
wegen zu keiner Gebehrdenſprache kommen,
weil es ihm ſo oft bey der Lebhaftigkeit ſeiner
Rührung unmöglich fiel, den ſo genugthuen-
den, ſo vollen, ſo natürlichen Ausdruck, den
ihm das Gebehrdenſpiel darbot, zur Erreichung
irgend einer andern Abſicht, entweder aufzu-
opfern oder doch wenigſtens einzuſchränken.

D 5 Zu

Zu dem erstern Behuf, zur Bezeichnung der Objecte des Denkens, waren in der Wör‍terſprache die erſten Elemente die Töne, wo‍mit der Menſch wirklich hörbare Gegenſtände nachahmte. In der Gebehrdenſprache wür‍den es, oder vielmehr müßten es die Nachbil‍dungen ſichtbarer Gegenſtände ſeyn: denn ganz willführliche, ganz grundloſe Zeichen können, wie ſchon einmal geſagt, keiner Sprache den Urſprung geben. Aus dieſen anfänglichen Zei‍chen müßten dann, durch alle die mannichfal‍tigen Sprachfiguren hindurch, die Zeichen für die ganze übrige Menge unſrer Begriffe geprägt werden: und warum ſollte das bey Gebehrden nicht eben ſowohl als bey Tönen geſchehen können? Warum ſollten nicht auch die mancherley Verknüpfungen und Trennun‍gen, welche Witz und Phantaſie und Ver‍ſtand mit den Ideen vornehmen, durch ſicht‍bare Bilder können bezeichnet werden?

Bis

Bis hieher also scheint eine Gebehrdensprache noch ohngefähr eben so möglich, als eine Wörtersprache; aber ein nun noch übriger
wichtiger Umstand ist: daß in der Seele die
Vorstellung des Objects und die der Rührung,
welche das Object hervorbringt, so ganz unzer-
trennt, so innig verschmolzen, so Eins sind,
und daß der Mensch diese Vorstellungen, auch in
ihrer Bezeichnung, gleich innig will verschmelzt,
gleich genau will vereinigt wissen. Ein einziges
Zeichen, welches in einem Nu beyden Zwecken
und gleich vollkommen Genüge thut, muß
ihm daher ohne alle Vergleichung lieber seyn,
als mehrere abgesetzte Zeichen, die dasjenige
zerreissen und vereinzeln, was er in seiner Seele selbst so gar nicht zu sondern, so gar nicht
aus einander zu finden weiß. Und in Rücksicht dieser Vereinigung nun, dieser innigen
Verschmelzung des ausdruckenden mit dem vor-
bildenden Zeichen; wie, wenn da die Wörter-
vor der Gebehrdensprache einigen Vorzug hätte?

In

In der Wörtersprache ist die Interjec-
tion, ist der Ausdruck der Empfindung immer
nur laut, nur Anhauch; in der Pantomime
ist es eine eigene, vollständige, ausgeführte
Gebehrde. In jener kann der nachahmende
Schall, welcher die Idee des Objectes ent-
hält, mit dem Laute, dem Anhauche, der die
Empfindung befriedigt, auf das genauste verbunden werden; in dieser ist die Verschmelzung
der Malerey mit dem Ausdrucke in jedem Falle unmöglich, wo beyde durch einerley Theil
des Körpers geschehen sollen, und doch jedes
einen ganz verschiednen Gebrauch desselben
erfordert. Das Wort Liebe ist freylich auch
ausdruckend, so gut wie Mine oder Stellung der Liebe; es malt das Sanfte, Weiche,
Angenehme dieser Empfindung: allein, wenn
das Wort nun einmal da ist, so können Sie es
nicht bloß sanft und angenehm; Sie können
es auch klagend und traurig, Sie können es wild
und zornig, Sie können es bitter und höh-
nisch

nisch ausſprechen, ohne daß irgend eine Sylbe undeutlich und ohne alſo daß die Idee
des Objects im mindeſten verwirrt oder ver-
dunkelt würde. Alles liegt hier lediglich in der
andern und andern Modification des Organs
oder des Athems, in dem leiſern oder Stär-
kern, Sanftern oder Rauhern, Höhern oder
Tiefern, Gezogenern oder Geſtoßenern, Be-
bendern oder Feſtern der Stimme. — Verſuchen Sie dagegen, an die malende Gebehrde
der Liebe eben ſo mannichfaltige mimiſche Ausdrücke und eben ſo innig zu knüpfen, ohne daß
jene dadurch zerſtört oder doch dunkel, unkenntlich, zweydeutig würde: und Sie werden
überall die Unmöglichkeit oder die Schwierigkeit fühlen. Das eine Mal wird ein voller
Widerſpruch die Zuſammenſetzung hindern;
das ſchmachtende erſterbende Auge, die matte, ſanftgebogene, hangende Stellung der Liebe (Fig. 44) wird mit dem feurigen, rollen-
den Blicke, den ſtraffen, angeſpannten Mus-

keln

keln des Zorns (Fig. 45) eben so wenig zu-
sammengehen, als der sich bückende, ins Knie
sinkende, ehrerbietigfreundliche Schmeichler
(Fig. 46) mit dem sich erhebenden, verachten-
den, unwilligen Hamlet (Fig. 47). Das
andre Mal, wenn die Verbindung an sich
nicht unmöglich ist, wird die Ungewißheit entstehen: ob die ganze Gebehrde ausdrucken,
eine Mischempfindung bezeichnen; oder ob sie
nur zum Theil ausdrucken, zum Theil den Gegenstand der Empfindung vorbilden soll? Wenn
ich ein zärtliches, stilles Lächeln um Mund
und Wangen, bey etwas hinaufgezognen innern Spitzen der Augenbraunen, sehe; wie soll
ich da die Frage beantworten: ob beyde Empfindungen, Traurigkeit und Liebe, sich in der
Seele dessen vereinigen, der die Gebehrde
macht? oder ob von diesen Empfindungen nur
die eine in seiner eigenen Seele, die andere
bloß der Gegenstand sey, welcher jene veranlaßt? Und in dem leztern Falle; wie soll ichs
ent-

P. 62. f. 46.

f. 47.

entfcheiden: welche von beyden die ausbrucken=
be, welche die vorbilbenbe fey? Denn es ijl
ja beybes gleich möglich: Liebe kann Trau=
rigkeit, und Traurigkeit kann Liebe erwe=
cken. — Ich weiß zwar, daß hier der Zu=
fammenhang manches würde auffläreu kön=
nen: nur zu viel muß er nicht aufflären fol=
len, ober es geht am Ende fein eigenes licht
verloren.

Zwey und dreyſſigſter Brief.

Die Gedanken, die ich zu Ende meines vorigen Briefes hinwarf und die ich nicht mit
noch andern vermehren will, um weder zu
weitläuftig noch für meinen bisherigen Ton
zu ſpitzfindig zu werden; dieſe Gedanken, ſag
ich, mögen wahr oder falſch ſeyn: ſo bleibt
doch immer, aus den angeführten übrigen
Gründen, die Erfindung einer pantomimi-
ſchen Sprache eine der ſchwierigſten Aufga-
ben. Und da nicht erſt jetzt dieſe Gründe zu
gelten angefangen; da ſie in ihrer vollen Kraft
ſchon zu den Zeiten Auguſts beſtanden: ſo
kann ich unmöglich in den Ton mit einſtim-
men, in welchem ſo Manche von den Wun-
dern der alten Tanzkunſt reden. Einzelne
Zeichen haben freylich, nach dem Zeugniſſe
der Schriftſteller, die alten Pantomimen gehabt;

habt; ich will zugeben: sie haben ihrer viele
gehabt; sie haben es zum Geschäft ihres Lebens
gemacht, die eigenthümlichsten sprechendsten
Merkmale an den Dingen zu fassen; haben der
Wörtersprache manches brauchbare Bild, man=
che glückliche Anspielung abgewonnen; haben
Alles mit einer Kraft, einer Wahrheit, einem
Leben dargestellt, wovon wir in unserm kalten
Norden uns kaum die Idee machen können;
haben noch überdieß die Kunst des Ausdrucks
bis auf den höchsten Grad getrieben, bis in
die feinsten Schattierungen ausgebildet: aber
mit alle dem — wie weit konnten sie hin=
ter der Wörtersprache zurück bleiben! Ein
Pylades und Bathyll werden doch wahrlich
nicht das Genie ganzer Menschengeschlechter
in sich vereinigt; Rom wird sich doch nicht
auf einmal, durch einen wunderbaren Instinct,
einer neuen, zu jeder andren Absicht entbehr=
lichen, ihrer Originalität wegen gewiß nicht
leichten, Sprache beflissen haben: und so

Mimik 2. Theil.   E   kann

kann ich mir keine pantomimische, durch sich selbst verständliche, Ausführung ruhiger räsonnirender Scenen, keine deutliche, von der Rede unabhängige, Behandlung feiner künstlicher Verwicklungen denken. Die Zeichensammlung jener Tänzer mochte höchstens das seyn, was die Wörtersammlung eines noch rohen Volks auf den untersten Stufen seiner Cultur ist: hinreichend für einen engen Kreis von sinnlichen gemeinen Begriffen, aber noch viel zu arm an Abstractionen, viel zu arm an Beziehungs‐ und Verbindungsideeen, als daß sich irgend ein Stück eines *Euripides*, oder nur irgend eine Scene eines solchen Stücks, in sie übersetzen liesse.

Ich hoffe nicht, daß Sie mir hier die Gebehrdensprache der Sicilianer entgegensetzen werden, wovon der Graf v. Borch in seinen Briefen über Sicilien und Malta mit so viel

Be‐

Bewunderung spricht *). Geben Sie, bitt ich, in der Erzehlung des Grafen nur auf die Umſtände acht: daß jede einzelne Perſon ihre eigene Sprache, mit jeder eine andere und alſo eine Vielheit von Sprachen hat, und daß alle dieſe Sprachen original, alle von der eigenen Erfindung deſſen ſind, der ſie ge‐

E 2   braucht:

---

*) Tom II. Lettre XX. p. 236. Une autre par‐ ticularité non moins ſinguliere (es war vorher von dem Eigenthümlichen der Sicilianiſchen Sprache die Rede geweſen) eſt l'uſage des ge‐ ſtes & des ſignes, dont on ſe ſert ici commu‐ nement & dont le langage eſt ſi expreſſif pour les nationaux, qu' à une diſtance conſidéra‐ ble, au milieu d' une compagnie nombreuſe, deux perſonnes, ſans ouvrir la bouche, ſe comprennent mutuellement & ſe communi‐ quent leurs penſées l'une a l'autre. Ces ſig‐ nes & ces geſtes ne ſont point généraux; une femme en a de différente eſpece, les uns de‐ ſtinés à ſon mari, d'autres à ſon amant, enfin d'autres pour ſes amis: çette différence d'al‐ phabet produit trois langues différentes, pour ainſi dire, dont la même perſonne ſe ſert avec toute

braucht: Werden Sie da noch auf etwas an=
bers, als auf eine nur geringe Anzahl von
Zeichen für einen sehr engen Kreis von Ideen
schliessen?

Aber

toute l'aifance poffible. On remarque la même habilité dans les enfans, qui dès l'âge le
plus tendre commencent déjà a compofer avec
leurs camarades une fuite de fignes propres à
eux feuls. Cela provient du penchant, qu'a
la Nation pour les geftes: un. Sicilien ne
peut pas dire la parole la plus indifférente,
fans l'accompagner tout de fuite d un gefte
expreffif. On croit, que ces geftes & ces fignes datent du tems encore de Dénis le vieux,
dont la tyrannie, defendant l'ufage de la parole à fes fujets, les obligea d'inventer de
nouveaux moyens pour fe communiquer leurs
penfées. & pour fe confoler dans leur mal-
heur. Je ne Vous garantis pas la vérité de
cette origine; mais de quelle fource que pro-
vienne cet ufage, je ne puit que l'admirer
& Vous dire, que je le regarde comme la
plus fublime pantomime, que j'aie vu de
ma vie.

Aber — könnten Sie mir noch einwenden — wenn denn wirklich durch die Zeichen der Pantomimen selbst ein Stück so wenig verständlich ward; wenn wirklich alles dabey auf vorläufige Kenntnis der vorzustellenden Begebenheit und auf gutes Gedächtnis der Zuschauer ankam: wozu denn überhaupt alle Zeichen? Warum wollten jene Künstler das, was sie so gut entbehren konnten, nicht auch wirklich entbehren? — Vielleicht, weil sie die Entbehrlichkeit desselben nicht einsahen; weil sie das Mangelhafte ihrer Kunst weder sich selbst, noch den Zuschauern, gestehen wollten; weil sie mit diesen zugleich den Trugschluß machten: daß das, was so wohl verstanden werde, seine Deutlichkeit eben von dem Gebrauch der Zeichen erhalte. Oder, was wahrscheinlich die noch frühere, die eigentlich erste Ursache war, weil sie sich des so natürlichen Triebes, mit den Empfindungen auch die Ursachen und Gegenstände derselben zu bezeich-

E 3

nen,

nen, nicht zu erwehren wußten, und weil sie
also, bey dem Mangel der Rede, wenigstens
die Hauptideen so oder anders durch Gebehrden mußten zu geben suchen. Endlich vielleicht
auch deßwegen: weil sie in der That von dem
Gebrauch dieser Zeichen manche gute Wirkung
erfuhren, indem sie dadurch dem stockenden
Gedächtnisse der Zuschauer hie und da eine
Hülfe gaben und durch Erneuerung einer
einzigen wichtigen Idee oft die ganze Rey-
he, wovon diese Idee ein Glied war,
wieder hervorriefen. — Uebrigens klage ich die Pantomimen wegen des Ge-
brauchs dieser Zeichen nicht an: es steht
dahin, wie verschwenderisch oder wie spar-
sam sie damit mögen umgegangen seyn und
wie wenig oder wie sehr sie über der Malerey den Ausdruck mögen vernachlässiget haben. Die alten Schriftsteller reden von dieser ganzen Sache zu selten, und auch dann,
wie es mir vorkommt, entweder zu kurz,

oder

oder zu unbeſtimmt, oder zu hyperbo=
liſch. *) — —

Und nun endlich genug, mein Freund,
von einer Materie, der ich hier ohnehin kein
Genüge thun kann, und die ich, ohne Ihre
Fragen und Einwendungen, nur ganz leicht
berührt haben würde! Genug überhaupt von
der Schauſpielkunſt, in ſo fern ſie Aehnlich=
keit mit der Malerey hat und einen einzelnen
Anblick im Raume darſtellt! Jezt noch von
eben dieſer Kunſt, in ſo fern ſie ihre Wirkung
in der Zeit hervorbringt, oder mit Einem Wor=
te, in ſofern ſie Muſik iſt! — Ich nehme
hier, wie Sie ſehen, das Wort Muſik, ſo
wie es die ältern Griechen nahmen: in dem

E 4   wei=

---

*) Man ſehe, wenn man will, dieſe Stellen ge=
ſammelt in dem oftangeführten Werke von Dubos, oder auch in Octav. Ferrarii Differt. de
Pantomimis et Mimis.

weitern allgemeinern Sinne, wo es mehrere ursprünglich verbundene Künste begriff, die erst späterhin getrennt wurden und bey dieser Trennung — ich weiß nicht, ob mehr gewannen oder verloren? Diese Künste waren: für das Auge, die Kunst der Bewegungen und Gebehrden, mit ihrem lyrischen Theile, dem Tanz; für das Ohr, die Kunst der Declamation, ebenfalls mit ihrem lyrischen Theile, dem Gesange und der begleitenden Musik der Instrumente. Die Dichtkunst gehörte dazu nur in Hinsicht auf ihren mechanischen Theil, auf die dem Ohre gefallende Kunst des Versbaues, des Rhythmus. Den Beweis, daß in der That unter dem Worte Musik alle jene Künste, aber auch keine mehreren, begriffen worden, werden Sie mir hoffentlich schenken: Sie können ihn sich selbst aus den Stellen führen, die Brown *) und Du-

bos

*) S. desselben Betrachtung über die Poesie und Musik (Eschenb. Ueberf.) Absch. V. 1.

bos aus dem Platon, Athenäus, Por=
phyr, Augustin, dem griechischen und dem
römischen Quintilian gesammelt haben.
Wenn Sie die obenangegebenen schönen Künste
vergleichen; so erkennen sie sogleich, daß in
dem alten Begriffe der Musik die zwey wesent=
lichen Merkmale verbunden waren: das Ener=
gische oder in der Zeit wirkende und das Sinn=
liche. Durch jenes wurden alle-bildenden, al=
le im Raum wirkenden, Künste ausgeschlossen;
durch dieses die Dichtkunst, in so fern sie sich
nicht an die Sinne, sondern an die Phanta=
sie und die übrigen innern Kräfte der Seele
wendet.

Zwar könnten Sie gegen das letztere
Merkmal einwenden: daß doch Sokrates,
beym Platon, selbst die Philosophie nicht al=
lein Musik, sondern die größte Musik nenne,
und daß doch Philosophie so ganz mit keinem
äußren Sinne, sondern bloß mit Verstand
E 5　　　und

---

und Vernunft zu schaffen habe. Aber wenn wirklich Philosophie zur Musik wäre gerechnet worden: warum hätte denn Sokrates, da es jezt zum Sterben gieng, sich mit dem Zweifel beunruhigt: ob er auch durch sein Studium derselben den Befehl der Gottheit, sich der Musik zu befleissigen, erfüllt haben mögte? Warum hätte er auf den Fall, daß die Gottheit die Musik in dem gewöhnlichen, in dem Volkssinne (δημώδη μεσικην) gemeynt, noch im Gefängnisse Verse gemacht? *) Wer nur etwas mit dem Platon bekannt ist, der muß es in seiner schriftstellerischen Manier als einen wesentlichen Zug bemerkt haben, daß er die ernsthaften und wissenschaftlichen Dinge immer gern mit Gegenständen der Künste zusammenbringt; daß er immer gern für das Wissenschaftliche Reiz vom Schönen, und für das Schöne Ernst und Würde vom Wissen-

*) In Phaed. Ed. Frcft. p. 46.

ſenſchaftlichen borgt. So wie er hier die Phi⸗
loſophie die größte Muſik nennt; ſo nennt er
anderswo eine vortrefliche Staatsverfaſſung die
wahrhafteſte Tragödie *) und betrachtet den
Staatsmann als einen Mitgenoſſen und Neben⸗
buhler des tragiſchen Dichters. Wollten Sie
darum die alten Staatsverfaſſungen wirklich
unter die Schauſpiele und die alten berühmten
Staatsmänner, einen Solon, einen Lykurg,
einen Perikles, unter die tragiſchen Dich⸗
ter ſetzen? — Uebrigens erhellt noch aus der
Stelle im Phädon, daß nicht die ganze
Dichtkunſt, ſondern nur die Kunſt des Vers⸗
baues, zur Muſik gezählt worden: denn wie
hätte

*) De Legib. L. VII. Ed. Fcft. p. 898. ἡμεις
εσμεν τραγωδιας αυτοι ποιηται κατα δυ-
ναμιν καλλιςης και αριςης· πασα ꙟ ἡμιν
ἡ πολιτεια ξυνεςηκε μιμησις τꙟ καλλιςꙟ
και αριςꙟ βιꙟ. ὁ δη φαμεν ἡμεις γε οντως
ειναι τραγωδιαν την αλεϑεςατην &c.

hätte sonst Sokrates glauben können, den im Traume ihm gewordenen Befehl dadurch zu erfüllen, daß er die schon längst vorhandnen und dem ganzen Griechenlande bekannten Fabeln Aesops bloß in Verse brächte? *) —

Es ist nicht bloß Ausschweifung, mein Freund, daß ich, bey Gelegenheit des Ueberganges von dem einen Theile der Mimik zum andern, auf den alten Begriff der Musik zu reden komme. Ich glaube vorherzusehen, daß es bey gewissen Punkten der nachfolgenden Untersuchungen vortheilhaft seyn wird, die Betrachtung allgemein zu machen und sie aus dem eingeschränktern Felde der Mimik in das weitere der Musik hinüberzuspielen. Brown beklagt es, daß man die verschiednen energischen Künste in der Ausübung getrennt hat: ich mei-

*) Εντεινας τας τε Αισωπε λογες, wie es Cebes ausdruckt.

meines Theils beklag es nicht weniger, daß
man sie in jenem sie alle umfaſſenden Begriff
von einander geriſſen. Wenn durch jene er=
ſtere Trennung die Wirkung der Künſte, ſo
hat durch dieſe letztere ihre Theorie verloren:
denn mit dem gemeinſamen Worte hat der An=
laß zur Unterſuchung ihrer gemeinſamen Grund=
ſätze gefehlt; und gleichwohl wäre dieſe Unter=
ſuchung höchſt wichtig für die Aeſthetik, höchſt
wichtig für die Seelen= und vielleicht ſelbſt
für die Sittenlehre geweſen. Die Folge, hoff
ich, ſoll Ihnen zeigen, daß wirklich allen mu=
ſikaliſchen Künſten einerley Hauptbegriffe und
Regeln zum Grunde liegen: auch könnten Sie
dieſes ſchon jezt erkennen, wenn Sie die bis=
her entwickelten Grundſätze der einen Haupt=
kunſt, der Mimik, auf die andre Hauptkunſt,
die Declamation, wollten anzuwenden und
überzutragen ſuchen.

Drey

Drey und dreyſſigſter Brief.

Sie ſagen ganz recht, daß, um die Aehn=
lichkeit der Grundbegriffe in den beyden Kün=
ſten, des Gebehrdenſpiels und der Declama=
tion, zu beurtheilen, Sie von der Theorie
dieſer letztern wenigſtens einen Entwurf ha=
ben müßten. Und ſollten Sie denn wirklich
eines ſolchen Entwurfs wegen in Verlegen=
heit ſeyn? Sollten Sie keinen der vielen
Schriftſteller kennen, die in ältern und neuern
Zeiten dieſe Theorie bearbeitet haben? Viel=
leicht keinen Francius, keinen Le Faucheur,
keinen Grimareſt; aber doch gewiß einen
Cicero *), einen Quintilian **) und die
frü=

*) S. de Orat. L. III. c. 57. Was in den ihm
zugeſchriebenen Büchern ad Herenn. III. c. 11.
15, vorkommt, iſt weniger hieher gehörig.
**) Inſtitut. Orat. L. XI. c. 3.

frühere griechische Quelle, aus welcher beyde
geschöpft haben, den Stagiriten. Der lez=
tere ist zwar freylich, nach seiner gewöhnlichen
Art, nur sehr kurz über diese Materie; er
wirft, statt der Theorie selbst, nur das un=
entwickelte Samenkorn hin, aus welchem sie
werden könnte: aber im Grunde ist denn doch
die ganze künftige Pflanze in dem organisirten
Stoff schon enthalten; und wenn der vortref=
liche Mann diesen Stoff nicht selbst entwickelt,
so liegt das bloß an seinem zu großen
Reichthume, der es ihm, eben wie der
Natur, unmöglich macht, jede der un=
endlich vielen Anlagen zu verfolgen und
auszubilden.

Mehrere Schriftsteller, sagt Aristote=
les, und unter andern Glaukon, der Te=
jer, haben Regeln gegeben, wie man Gedich=
te; aber noch keiner, wie man Reden de=
clamiren müsse. Die Kunst der Declama=
tion

tion, fährt er fort *), beruht auf dem richy
tigen Gebrauch der Stimme zum Ausdruck
der mancherley Leidenschaften, und bey diesem
Gebrauche kommt dreyerley in Betrachtung:
die Stärke der Stimme, da man entweder
lauter oder leiser, rauher oder sanfter; die
Höhe und Tiefe nebst der Modulation, da
man entweder in feinern oder in gröbern Tönen, mit mehr oder mit weniger Abwechselung; die Bewegung, da man entweder
schneller oder langsamer, in kürzern oder in
längern Absätzen, gebundener oder gestoßener
spricht. — Sie werden, hoff ich, mit der
Art,

*) Rhetor. L. III. c. 1. Ed. Lipf. p. 162. Εϛι
δε αυτη μεν (ή ὑποκρισις) εν τη φονη,
πως αυτη δει χρησθαι προς ἑκαϛον παθος·
οἱον ποτε μεγαλη καη ποτε μικρᾳ, καη ποτε
μεσῃ. Καη πως τοις τονοις· οἱον οξεια,
καη βαρεια, καη μεσῃ. Καη ῥυθμοις τισι
προς ἑκαϛα. Τρια γαρ εϛι, περι ὡν σκοπϛι·
ταυτα δ᾽εϛι μεγεθος, ἁρμονια, ῥυθμος.

Art, wie ich hier den Aristoteles halb com=
mentire halb überſetze, nicht unzufrieden ſeyn:
ich mögte Sie gerne urtheilen laſſen, in wie
fern auf die drey von ihm angegebenen Punc=
te auch die plura ab his delapſa genera, wie
ſie Cicero nennt,*) das laeve, aſperum u. ſ. f.
könnten zurückgebracht werden. In der Er=
klärung des zweyten Puncts weiche ich freylich
von den Auslegern ab; allein ich denke, mit
ſehr ſichtbarem Recht: denn unmöglich kann
hier, wie Majoragius will, **) von dem
bloßen Accentuiren der Sylben die Rede ſeyn;
der Philoſoph ſpricht ja nicht vom richtigen
leſen,

*) S. l. c. n. 216.

**) S. deſſelben Explanat. in Rhetor. Ariſtot.
P. 743. Vergl. P. Victor. Comment. p. 616.
— Wie viel beſſer hier Quintilian, der zwar
auch des richtigen Recitirens, aber nur neben=
her und als einer Sache erwähnt, die bey der
Declamation ſchon vorausgeſetzt werde. Uten-
di voce, ſagt er, multiplex ratio. Nam *prae-*
ter illam differentiam, quae eſt tripartita,

lefen, fondern vom Ausdruksvollen, der Na
tur jeder Leidenschaft angemessenen, Declami
ren. Und wenn gleich dieses leztere jenes er
stere allerdings vorausfezt, so kann doch jenes
erstere sehr wohl ohne dieses leztere seyn. Es
giebt der Redner und der Schauspieler so Vie
le, die fast nie den rechten Accent, weder in
Ansehung der Sylben noch der Wörter, aber
desto öfter den rechten Ton des Affects ver
fehlen.

Bringen Sie nun die wahre Art der De
clamation, für was für Leidenschaften Sie wol
len, unter die drey vom Aristoteles festge
stellten Gesichtspunkte: und wenn Sie die
Gründe entwickeln, warum die eine Leiden
schaft lauter, die andre leiser, die eine schnel
ler,

acutae, gravis, flexae: tum intentis, tum re
missis, *tum elatis, tum inferioribus modis* opus
est, spatiis quoque lentioribus aut citatiori
bus, l. c. Ed. Burm. p. 1000.

ler, die andre langsamer, die eine höher, die
andre tiefer spricht, u. f. w.; so werden Sie
überall, wie in der Mimik, auf Analogie, auf
Absicht, auf Veränderung des körperlichen
Zustandes treffen. — Eben der langsame,
bey jedem Merkmal verweilende Ideengang,
welcher Schritt und Händespiel im Affect der
Bewunderung so gehalten, so feyerlich macht;
eben dieser Ideengang zieht und dehnt auch
jeden einzelnen Ton und schleift und bindet
Wort an Wort, Sylbe an Sylbe. Der
Athem wird zum Aushalten tiefer geschöpft;
die Absätze der Rede sind lang, der Einschnitte
wenig: nur wo die Fülle der auf einmal sich
darbietenden Ideen die Besonnenheit der Seele, die zum wörtlichen Ausdruk ihrer Empfindungen nöthig ist, schwächt; da verliert sich
mit dem Gedanken die Rede, und die Pause
wird um so feyerlicher und anhaltender, je
langsamer sich, so zu reden, die Denkkraft aus
dem Meer von Ideen, worinn sie sich verlo-

ren

ren hatte, wieder heraufhebt. — Freude hat, wie sich schon in ihren Gebehrden verrieth, einen zwar raschen und lebhaften, aber doch sanften und leichten Ideengang: und dieser Amalogie gemäß — wie anmuthig gleiten und rollen ihr, wenn sie in Worte ausbricht, die Töne! wie viel muntere Kraft ohne Mühe und Anstrengung zeigt sich in der gemäßigten Stärke der Stimme und in dem längern Aushalten des Athems! — Zorn hat, wegen innerlicher Erhitzung, nur einen sehr kurzen Athem; aber wie schnell wird dieser Athem, so oft er verhaucht, wieder ersezt, um die Worte mit eben der Geschwindigkeit hinzuströmen, womit die Seele ihre Gedanken entwickelt! Wie sehr verräth sich das Wilde und Unbändige dieser Leidenschaft, selbst in dem Stammeln und Stottern, wo sie lebhafter, und in dem gänzlichen Verstummen, wo sie auf ihrem höchsten Punct ist! Das eine Mal ist die Seele schon zu weit voraus, als daß sie Alles,

les, was zwischen der erst gesprochnen und der
schon gedachten Idee mitten inne liegt, sollte
nachzuholen wissen; das andere Mal verzwei-
felt sie völlig, die allzugroße Menge ihrer
Ideen mit Worten faßen, oder der übermäß-
sigen Geschwindigkeit derselben mit der Stimme folgen zu können.

Aus eben der Analogie mit der Ideenfolge, aus welcher ich hier den Gang der Stimme erklärt habe, läßt sich auch die Wahl der
einzelnen Laute erklären. Die Bewunderung,
werden Sie finden, spricht nie in höhern, immer in tiefern Tönen; warum? Weil sie ihre Ideen nur so langsam entwickelt und weil
bey tiefern Tönen der Schwingungen, die auf
jede Secunde fallen, so viel weniger sind. Ich
sehe Sie, deucht mir, zu diesem Gedanken ein
wenig lächeln; aber versuchen Sie, wenn Sie
ihn allgemeiner machen, ob er sich nicht durch
alle Leidenschaften durchführen läßt? ob nicht

F 3   jede,

jede, mit je mehr Schnelligkeit sie ihre Ge=
danken entwickelt, um so mehr in die Höhe
steigt, und je einen gemäßigtern Gang sie hält,
um so tiefer herabsinkt? Eben der Zorn, des=
sen Rede in einem so heftigen reissenden Stro=
me einherbrauſt; wie gerne pfeift er in die
höhern Töne hinein! wie greift er die höchsten
und schneidendsten gerade da, wo er am wil=
desten, am gefährlichsten, zum Führen des
Streichs am aufgelegtesten ist! Und wenn er
seinen Gegenstand durch Verachtung kränken
will; wenn er ein höhnend Gelächter aufschlägt:
wie ganz von jedem andren verschieden, wie
durchdringend und kreischend und fistulirend ist
dieses Gelächter! Wie oft versagt ihm mitten
im Lachen die Stimme und bricht, wenn sie
zu einer Höhe über ihr Vermögen soll ange=
strengt werden! Dahingegen die sanfte Freu=
de; wie leicht und schön und wohlklingend
weiß sie zu lachen! wie modulirt sie immer,
bey ihrem nur schnellen und lebhaften, nicht

wil=

wilden ungeſtümen Ideengange, zwiſchen den
höchſten und den tiefern Tönen umher! Wie
weiß ſie, nach den mancherley Graden ihrer
Lebhaftigkeit, bald zu ſteigen und bald zu ſin=
ken, ohne doch je den kreiſchenden Fiſtelton
des Zorns, noch den vollen feyerlichen der Be=
wundrung zu greifen! Immer weilt bey ihr
die Stimme in der Mitte des Umfangs; und
eben dieß iſt eine der Urſachen, warum die
Sprache keines Affects ſo wohlklingend und
anmuthig und hold iſt, als die der Freude.
Denn ſo wenig es auch, nach der Ausübung
unſrer heutigen Tonſetzer und Virtuoſen, ſo
ſcheinen mag; ſo ſind doch immer die mittlern
gemäßigtern Töne die eigentlich ſchönen ge=
fälligen Töne. —

Mit dieſen Bemerkungen hängen andre
über gewiſſe abſichtliche Modificationen der
Stimme, wenn man dem Verſtande Hülfen
geben oder Affecten erregen und dämpfen will,

F 4

in=

innigſt zuſammen. Wer ſich ſelbſt oder an=
dern einen wichtigen, aber ſchweren, noch nicht
genug gefaßten Gedanken zu beſſerer Ergrün=
dung und Beherzigung vorſagt, der ſpricht
nicht bloß langſam, ſondern auch in einem ge=
ſenktern, tiefern Tone; darum: weil, nach ſei=
nem Gefühle, ein ſolcher Ton zum Feſthalten
der Aufmerkſamkeit einladet; weil er die Seele
zu jener Ruhe, jenem gemäßigtern Gange
der Ideen herabſtimmt, der zum vollern Er=
kennen der Wahrheit ſo vortheilhaft iſt. Wer
mehrere Gedanken auf einander häuft, die das
Gemüth in immer größere Ehrfurcht verſe=
ßen, es zu immer tieferer Anbetung bewegen
ſollen, der ſteigt bey jedem Worte mit der
Stimme mehr nieder; dahingegen der, wel=
cher Affecten, wie die der Angſt, des Zornes,
der Freude anſchwellen will, ſie Wort vor
Wort mehr erhebt. — Die leidenſchaften
haben überhaupt, um dieß hier beyläufig zu
ſagen, jede ihre eigene Gradation, die nicht

ſo

so schlechthin nur in Erhebung und Verstär=
kung der Stimme, sondern in größrer Vollen=
dung des besondren einer jeden zukommenden
Tons liegt. — Wer die Hitze eines Zorni=
gen dämpfen, das heißt, wer den raschen un=
gestümen Gang seiner Vorstellungen in einen
stillern langsamern verwandeln will, der hütet
sich eben so sorgfältig vor dem zu Hohen, als
vor dem zu lauten oder zu Schnellen: denn
wie vortrefliche Bewegungsgründe er ihm auch
vorhalten mögte; so würde doch der sinnliche
Eindruk eines zu hohen Tons sicher mehr den
Ideengang zu beschleunigen, mithin den Zorn
zu verstärken, als jene Bewegungsgründe, ihn
anzuhalten und zu besänftigen, dienen. Das
bekannte Tonarion des C. Gracchus *) gab
ihm wohl nicht so eigentlich den Ton an, in
welchen er einfallen sollte; es warnte ihn wohl

F 5   nur

---

*) S. Cicero l. c. III. 60. 61. Vergl. Quintil.
L. I. c. 10.

nur überhaupt vor den Extremen und sprach
ihm durch tiefere Töne gleichsam zu, wenn er
zu hitzig, oder trieb ihn durch höhere an, wenn
er zu kalt war. —

Es wäre so leicht, Ihnen die Fruchtbar-
keit des Grundsatzes der Analogie durch Beyspiele von mehrern Leidenschaften zu zeigen, den
Gebrauch der Stimme für jede dieser Leidenschaften nach Stärke und Schwäche, Höhe
und Tiefe, Modulation und Bewegung anzugeben und die ganze Kunstsprache der Tonsetzer, die doch so wenig für alle Begriffe und
Nüancirungen hinreicht, dabey zu erschöpfen.
Es wäre so leicht, Ihnen zu zeigen, wie bey
jeder kleinen Abänderung eines Affects, bey
jeder Mischung desselben mit andern, auch der
Ton der Stimme sich abändert; wie z. B.
die Verehrung, wenn sie nicht mehr reine Bewunderung moralischer Vortreflichkeit, sondern schon mit Furcht oder mit Scham vermengt

mengt ist, von der Tiefe und Fülle und Gleich=
heit der Stimme verliert; wie sich ihr Athem
schon merklich zu verkürzen anfängt und also
Einschnitte und Absätze häufiger werden u. s. f.
Allein ich begnüge mich, Sie auf den Weg
der eigenen Untersuchung geführt und Ihnen
die Möglichkeit einer allgemeinen Theorie der
energischen Künste nur an einigen Beyspielen
gezeigt zu haben. Vielleicht finden Sie, daß
Einiges oder auch Alles, was ich zur Analo=
gie gezogen, sich eben so gut aus physiologi=
schen Gründen herleiten liesse: und in der That
könnten Sie aus der Erweiterung des Sprach=
organs den tiefern Ton der Bewunderung;
aus seiner Verengerung, wegen des stürmen=
den die Gefäße auftreibenden Bluts, den
schneidenden hohen des Zorns erklären. Sie
hätten dann hier eine neue, obgleich nicht sehr
angenehme, Aehnlichkeit zwischen Mimik und
Theorie der Declamation; diese: daß man
wegen so mancher Erscheinungen in Verlegen=

heit

heit ift, ob man fie lieber aus dem einen oder
dem andren Erkenntnisgrunde herleiten foll?
Am beften zwar immer, man bleibt bey demjenigen Erkenntnisgrunde, welcher die leichte-
fte deutlichfte Einficht gewährt, indem er zugleich, wo nicht ganz, doch am weitesten durch-
führt: und diefen Vorzug hat, meines Erachtens, in Anfehung der oben bemerkten und anderer ihnen ähnlichen Erfcheinungen, offenbar
die Analogie. Auch ift fo gar keine Schwierigkeit, das Fach des Phyfiologifchen mit andren fonft nicht zu erklärenden Modificationen
der Stimme zu füllen, wovon ich Ihnen als
Beyfpiele nur die Heiferkeit der Wut, das
Seufzen der Traurigkeit und der Liebe, die
fchwankende, fchluchzende, gebrochne Stimme der Wehmuth nenne. Als abfichtlich füh-
re ich noch das Hinaufziehen der Stimme
an, das bey den lezten Worten einer Frage
gewöhnlich ift. Es giebt auch beym Reden
fo etwas, das dem Grundton beym Singen
ent-

entspricht; das Ohr bleibt unbefriedigt, wenn die Stimme nicht in diesen Grundton zurück= fällt: der Fragende zwingt also gleichsam den Gefragten, vermittelst des unangenehmen Ge= fühls der ermangelnden Vollendung, daß er durch die Antwort den Satz schliessen und mit der Wißbegierde des Andren zugleich sein ei= genes Ohr befriedigen muß. —

Das Einzige, worauf ich Sie noch beson= ders aufmerksam mache, ist der Punct vom ausdruckenden und malenden Declamiren. Auch mit der Stimme kann man beydes: den Gegenstand seiner Empfindung und die Em= pfindung selbst bezeichnen; auch bey ihr kann Malerey und Ausdruk innigst mit einander verbunden oder in Widerspruch seyn; auch für sie gelten, wenn sie malt, die beyden Gründe: Lebhaftigkeit der eigenen Vorstellung, und Absicht, bey andren eine mehr anschauen= de Idee zu erwecken; auch sie hat alle die Re=

geln

geln und kann in alle die lächerlichen Fehler
verfallen, von welchen oben gesprochen wor,
den. Die höhere lyrische Declamation ist
der Gesang; für den Gesang ist die Regel vom
Ausdruk schon lange festgesezt, obgleich noch
nicht mit so vielen Beyspielen, als zu wün,
schen wäre, erläutert worden. Setzen Sie
nun, statt der nähern Bestimmung: lyrische
Declamation, das Allgemeinere: Declama,
tion überhaupt; und Sie werden, denk ich,
wegen der ganzen Lehre noch weniger in Ver,
legenheit seyn, als es schon die in unsrer Mi,
mik angestellten völlig ähnlichen Untersuchun,
gen und Entwickelungen Sie würden bleiben
lassen.

Vier

Vier und dreyßigster Brief.

Alles, was in Ansehung des fortgehenden Gebehrdenspiels zu bemerken ist, bezieht sich entweder im Allgemeinen auf die Natur der Gattung, zu welcher ein Kunstwerk gehört, oder auf die Beschaffenheit eines gegebenen Kunstwerks insonderheit; und auch hier wieder entweder auf die Verbindung seiner sämmtlichen oder auf den Zusammenhang gewisser einzelner Theile. — Sie glauben es, nach diesem so einfältig, so leicht scheinenden Entwurfe wohl schwerlich, was für verwickelte, feine, mit der Sprache kaum zu bearbeitende Materien er befaßt, und in welcher Verlegenheit ich gleich in Ansehung des ersten Punctes bin, meinen Gedanken einen hinlänglich lichten, scharfen, anschaulichen Ausdruk zu geben. Glüklicher Weise sind die hier vorkommen-

menden Begriffe und Regeln von den allge=
meinern, die für sämmtliche musikalische Kün=
ste gelten: was man für die eine derselben
festsezt und beweist, das ist für alle festgesezt
und bewiesen; und was sich von der einen
nicht ohne Dunkelheit und Schwierigkeit sa=
gen läßt, das läßt sich vielleicht von der an=
dren mit mehr Klarheit, mehr Leichtigkeit
sagen. —

Ziehen Sie, bitt ich, Ihre Aufmerksamkeit
einen Augenblik von dem Gebehrdenspiel ab
und wenden Sie sie auf den Rhythmus der
Rede. Sie haben dreyerley Arten desselben:
das bestimmte Sylbenmaaß des lyrischen, des
epischen, des schildernden Gedichts; den hö=
hern sehr merkbaren Numerus der feyerlichen
erhabnen Rede, der poetischen Prose; endlich
den leichten unbestimmten Numerus des Ge=
sprächs, des Briefs und überhaupt jeder ge=
meinern Schreibart. Was ich hier Arten
des

des Rhythmus nenne, sind wohl nicht so eigent#
lich Arten; es sind die am deutlichsten unter#
schiedenen Hauptgrade, zwischen denen eine
unbestimmbare Menge anderer mittlerer Gra#
de liegt, die aber schon zu schwach schattirt
sind, schon zu sehr in einander fliessen, als
daß sie noch mit einiger Schärfe gefaßt wer#
den könnten. Diesen verschiednen Arten des
Rhythmus entsprechen eben so viele verschiede#
ne Arten der Declamation. Die höchste ly#
rische, ganz bestimmt im Tact und im einzel#
nen laut, der hier Ton wird, ist der Gesang;
weniger bestimmt, aber doch schon von unver#
kennbarem Hauptcharakter, ist die Declama#
tion des leidenschaftlichen Redners, des lyri#
sche oder epische Werke hersagenden Rhapso#
den; am wenigsten bestimmt, bald völlig ru#
hig, bald Gemüthsbewegungen nur mehr oder
minder andeutend, nie aber ausbildend, nie
den Ton von irgend einer ganz vollendend oder
durchführend, ist die gewöhnliche Sprechart.

Mimik 2. Theil.   G   Und

Und auch hier giebt es wieder, wie bey dem
Numerus, unzählig viel mittlere Stufen, da
sich die gemeine Sprechart der höhern Declamation und diese dem Gesange mehr oder weniger nähert.

Jede der hier angegebenen verschiednen Arten nun hat ihren bestimmten Gebrauch. Nur
in einigen Fällen ist das Sylbenmaaß schicklich,
in andern höchst unschicklich; nur beym Ausdruck gewisser Gemüthslagen dient es die Wirkung zu erhöhen, beym Ausdruck anderer würd
es sie schwächen oder vernichten. Eine ruhige
Untersuchung des Denkers, eine kaltblütige
Erzehlung des Geschichtschreibers in Versen!
ein leichtes, in mancherley schwache Töne
der Empfindung ausweichendes, Gespräch in
bestimmten Strophen! eine, wenn gleich
schon Empfindungsvolle, Rede; ein gewöhn-
licher, wenn auch freundschaftlicher, herzlicher Brief, eine Erzehlung alltäglicher Vorfälle

fälle in lyrischen Sylbenmaaßen von charak=
teristischem Fall und Klang! jedermann ver=
wirft das als unschicklich, als unnatürlich;
warum? Nicht, wie man auch wohl langsame
schleppende Füße verwirft, wo ein fröhlicher
Gemüthszustand, oder muntre hüpfende, wo
ein trauriger Gemüthszustand soll ausgedruckt
werden; nicht wegen der im Ganzen verfehl=
ten Art, sondern wegen des zu Bestimmten,
zu Erhöhten, zu Vollendeten der Empfindung.
Man fühlt, daß nach dem ganzen Inhalt der
Rede, nach dem ganzen Ideengange des Re=
denden, und schon nach der Wahl seiner Aus=
drücke, Wendungen, Bilder, seine Ge=
müthsfassung nicht so entschieden, seine Em=
pfindung weder von der Fülle, noch von der
Gleichheit und Einförmigkeit ist, daß der be=
stimmte, entschiedne, unveränderliche Cha=
rakter des Sylbenmaaßes damit zusammen=
stimmte. Ehemals, als die Geschichte noch
Ueberlieferung großer Begebenheiten und Tha=

G 2   ten

ten war, die eine lebhaft gerührte Einbildung oder ein begeisterter Patriotismus zu verewigen suchte, als die Philosophie noch in phantasie= reichen kühnen Dichtungen von Erzeugung der Götter und Ursprung der Welt bestand; da vertrugen noch beyde, mit dem übrigen Schmucke der Poesie, auch ihre Sylben= maaße: aber als die Geschichte sich in ruhige unpartheyische Erzehlung zu verwandeln, die Philosophie sich der kaltblütigen abstracten Un= tersuchung zu nähern anfing; da führte in je= ner den Herodot, in dieser den Pherecy= des *) ihr richtiges Gefühl auf die Prose. Und auch der Ton dieser Prose würde noch falsch

*) S. Apulej. Flor. 2. Pherecydes primus, ver-suum nexu repudiato, conscribere ausus est passis verbis, soluto locutu, libera ratione. Pherecydes hatte allerdings noch eine sehr alle= gorische und dichterische Sprache; aber er war doch schon nicht mehr bloßer Mythologe. S. Aristot. Metaph. L. XII. (nach Du Vall.) c. 4.

falſch geweſen ſeyn, wenn er da, wo er ſich
mit ſeinem Gegenſtande nur mäßig hätte erheben ſollen, ſogleich in die prächtigen Rhythmen, in den hohen ſtolzen Numerus des be-
geiſterten Redners gefallen wäre. Denn es
hat mit dieſem Numerus vollends eben die Be-
wandnis, wie mit dem Sylbenmaaße des Ver-
ſes. Wie falſch z. B. würde der Ton eines
gewöhnlichen freundſchaftlichen Briefes ſeyn,
wenn er die volle Weichheit, die volle hinſchmel-
zende Süßigkeit eines Jdyllions erreichte?
Freylich ſoll auch er einen gewiſſen Grad von
Zärtlichkeit, von Weichheit des Tones haben;
Klang und Fall ſollen auch in ihm der Natur
der Empfindung entſprechen: aber bis zu dem
ſo merklich Cadenzirten, dem ſchon halb Ge-
bundnen, aus den ſanfteſten Tonmaaßen ſo
ſorgfältig Zuſammengefügten einer Geßneri-
ſchen Proſe muß es nicht kommen, oder der
Brief wird geziert, ekelhaft, unausſtehlich.

G 3

Die

Die Anwendung dieser Bemerkung auf die verschiednen Arten der Declamation macht sich von selbst. Das Empfindungsvolle Lied, von welchem Charakter es sey, will nicht bloß hergesagt, es will gesungen seyn; wie richtig, wie Gefühlvoll es declamirt werde, so deucht uns doch, daß ihm noch nicht sein volles Recht widerfahre: erst dann sind wir befriedigt, wenn der schlichte Laut zum musikalischen Ton und der noch schwankende Rhythmus zum Tact wird. Hingegen ein gesungener Brief, wie man ihn hie und da in französischen Opern findet; wer kann ihn, wenigstens das erste Mal, ohne Lächeln oder Kopfschütteln hören? Die Abgeschmacktheit wird freylich größer, wenn die Person nicht schon öfter den Brief durchlas, nicht vielleicht selbst ihn schrieb, sondern ihn eben jezt erst erhielt; aber auch ohne diesen Umstand nimmt überhaupt kein Brief Gesang an, oder er ist nicht mehr Brief; er ist Lied, Elegie, Romanze, was sonst man will, an eine

gewisse

gewiſſe einzelne Perſon gerichtet. Wiederum
eine höhere Declamation, eine mehr charak-
teriſirte, mehr aushaltende Stimme, wo man
den leichten Geſprächston wollte; oder dieſer
leichte Geſprächston, wo die volle Pracht der
höhern Declamation an ihrer Stelle wäre;
eine Scene aus Minna, geleſen wie eine der
herrlichſten Schilderungen der Meſſiade, oder
dieſe Schilderung, wie eine Scene aus Minna: wer würde hier, wenn die Natur ihm
einen Kopf und ein Herz gab, nicht alle Ge-
duld verlieren? Darum dürfte denn doch der
Ton nicht völlig vergriffen, nicht die ganze
Art der Empfindung verfehlt ſeyn: ſie wäre
nur das eine Mal nicht erreicht, das andre Mal
überſpannt; dort fiele der Vorleſer in den Fehler
der Kälte, hier in den Fehler des falſchen Pa-
thos, des Schwulſtes, der Ziererey. —

Und nun, mein Freund, von dieſer ſchein-
baren Ausſchweifung zurück zu dem eigentli-

chen

chen Gegenstande, worauf es hier ankommt!
Auch bey dem Gebehrdenspiel finden sich eben
die Arten, oder wenn Sie wollen, eben die
Grade, die wir bey Numerus und Declamation unterschieden. Alle die Ausdrücke der
verschiedenen Seelenzustände, die wir haben
kennen lernen, erheben sich durch unnennbar
viele Stufen von dem ersten Anfange, dem
ersten Verdacht eines Affekts bis zu seiner gänzlichen Ausbildung, seiner Vollendung. —
Sie erinnern sich doch des Gemäldes, das
ich Ihnen von der Freude, unter der Gestalt
des Entzückens, entwarf? (Fig. 28.) Betrachten Sie noch einmal ihr lachendes weitgeöfne-
tes Auge, ihre der ganzen Länge nach ausge-
breiteten Arme, ihre gleichsam in der Luft
schwebende, auf die Spitze des Fußes gestellte
Figur: und Sie haben den entschiedensten,
den vollendtesten Ausdruck dieses Affects; einen Ausdruck, den Sie mehr als zwiefach
mildern können, ohne ihn aufzuheben oder
auch

P. 105. f. 48.

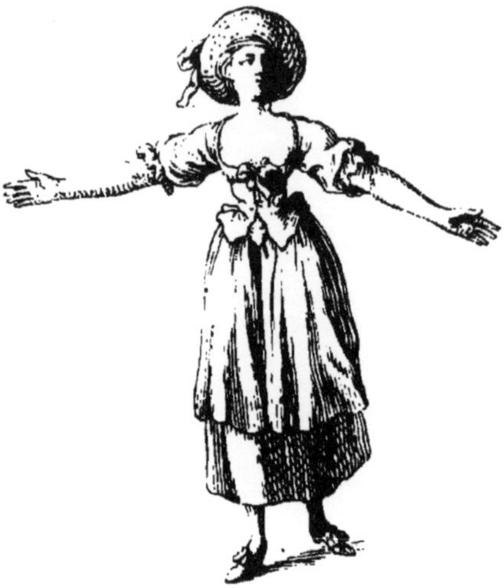

P. 106. f. 49.

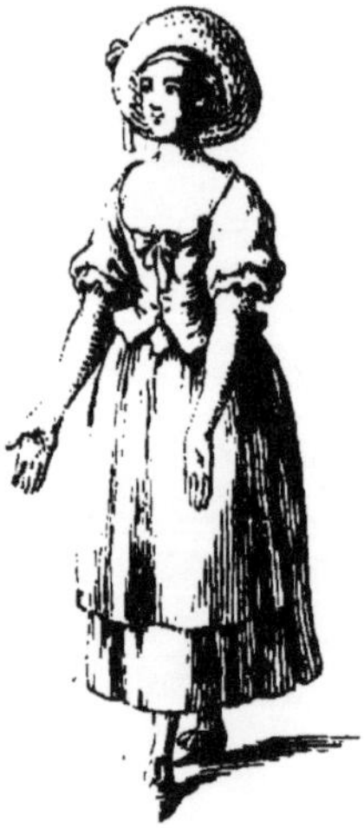

I. W. M. f.

auch nur ihn unkenntlich zu machen. Die zu
gerade Linie der Arme beuge sich in eine sanf=
te Krümmung herab; sie bleiben darum noch
immer ausgebreitet: der eine Fuß stehe weni=
ger auf der Spitze und der andre schwebe we=
niger hoch, weniger von jenem ersten entfernt;
der Körper wird darum noch immer emporge=
tragen und der Schritt bleibt schwebend und
leicht: Auge und Mund verenge sich um ein
Weniges und jenes glänze, dieser athme gelin=
der; beyde sind darum noch immer offen und
der Blick bleibt heller, der Athem voller.
(Fig. 48.) Nehmen Sie eine zweyte größe=
re Aenderung vor: ziehen Sie die Arme an
beyden Seiten noch tiefer nieder; geben Sie
den Muskeln weniger Kraft, so daß sich die
Figur nur noch unmerklich erhebe; lassen Sie
beyde Füße auf den Boden leicht auftreten
und nur eine flüchtige schwache Dehnung des
Mundes den äussersten Rand der Vorderzäh=
ne entblößen: so ist das immer noch mehr als

G 5 Aus=

Ausdruck bloßer Zufriedenheit; es ist Freude,
aber fast nur in ihrem Entstehen oder Verschwinden, fast nur auf jenem äussersten Puncte, wo sie gleich bereit ist, zu höhern Graden
emporzuschwellen oder zu sanfter stiller Ruhe
hinabzusinken. (Fig. 49.) Schwächen Sie
eben so die Ausdrücke anderer Affecten, z. B.
des ergrimmten, kaum sich haltenden, Zäh-
nefletschenden Zorns (Fig. 44.) oder der tief-
gebeugten, gegen die Erde starrenden, bald
ganz unbeweglichen, bald nur träge und mühsam sich fortschleppenden Schwermuth; erhalten Sie dort wie hier die ganze Art, aber nicht
die ganze Stärke des Ausdrucks; lassen Sie
jenen mit dem Arm weniger ausgreifen, den
Körper weniger rückwärts beugen, die Faust
mit weniger Spannung der Muskeln ballen
(Fig. 50.); diese das Haupt weniger tief gegen den Busen senken, nicht mit ohnmächtig
niederhangenden Armen dastehn, vielleicht sie
noch in einander schlagen, vielleicht noch die
Hände

Hände in der Kleidung, aber nur nicht in der
höhern Gegend des Busens, bergen (Fig. 51):
und Sie haben, denk ich, der Beyspiele genug, um im Allgemeinen den Unterschied,
den ich im Sinne habe, zu faſſen; den Unterschied des ganz entschiednen, vollendeten, ge-
haltenen, und des weniger ausgeführten, weniger bleibenden Ausdrucks, bey dem noch höhere Grade möglich sind, der eben deßwegen
auch leichter verschwinden, leichter Nüancen
annehmen, sich mischen, sich in verschiedenar-
tige Ausdrücke umwandeln kann.

Mit dem Gebrauch dieser verschiednen Ausdrücke iſt es, eben wie in den Künſten der Declamation und des Rhythmus. Auch die Mimik hat ihre lyriſchen, ihre enthuſiaſtiſchen Werke, in welchen sie auf das Höchſte und Vollkommenſte geht, und die vollendteſten, abge-
meſſenſten, dem Charakter jeder Leidenschaft
entsprechendſten, Bewegungen wählt. Sie

hat

hat hier die ganz beſtimmten Füße, den völlig
entſchiednen Numerus des Sylbenmaaßes;
ſie iſt hier gleichſam Muſik für das Auge, ſo
wie dieſe gleichſam Tanz für das Ohr. Denken Sie ſich nun einen Tänzer mit den leichtern, weniger entſchiednen Minen und Stellungen, mit den ungebundnern, nachläſſigern
Bewegungen des Schauſpielers; und es iſt
Ihnen, wie bey einem matten, proſaiſchen
Odenbichter: ſeine Bewegungen dünken Ihnen
faul, ſeine Ausdrücke ohne Kraft, ohne Seele. Von ihm wollen Sie den Affect, der ihn
beleben ſoll, mit Begeiſterung dargeſtellt: je
leichter die Freude daherhüpft, je mehr ſie
gleichſam in der Luft ſchwebt, in je wenigern
Puncten ſie den Boden berührt; oder wenn
Liebe ſoll geſchildert werden: je zärtlicher und
ſüßer dieſe Liebe auf ihren Gegenſtand blickt,
mit je ſchmachtenderm Verlangen ſie auf ihn
zuwallt, je inniger und entzückter ſie die Arme
um ihn herumſchlingt; oder wenn Stolz die aus-

zubil-

zubildende Empfindung ist: je kühner dieser
Stolz in die Höhe schwillt, je selbstzufriedner
und verachtender er um sich her schaut, je einen weitern Raum sein verweilender feyerlicher Schritt übermißt; desto mehr finden Sie
Ihre Forderungen befriedigt, desto lauter und
herzlicher geben Sie Beyfall. Nur die Gesetze der Schönheit und des Anstandes wollen
Sie nicht übertreten haben; die Erhebung des
Körpers soll leicht, nicht steif geschehen; die
Arme sollen sich nicht zu sehr der geraden Linie
nähern; Auge und Mund sollen sich nicht bis
zu der ungebührlichen Weite einer Fratze öfnen;
das Schmachten der Liebe soll nicht Ohnmacht,
ihre Entzückung nicht Contorsion, Verachtung soll nicht wirklicher Ekel werden; sonst
ist aller Enthusiasmus, alle Schwärmerey
des Ausdrucks Ihnen willkommen. In nicht
lyrischen Werken hingegen, in solchen, wo
nicht mehr Gesang sondern bloß eine höhere
Declamation an ihrer Stelle wäre, bey dem
Affect-

Affectvollen Redner, bey dem begeisterten
Vorleser; wie widrig und unnatürlich würden Ihnen da jene tänzermäßigen Bewegungen dünken! Gleichwohl dürfen beyde, der
Rhapsod und der Redner, nach Maaßgabe
des mehr oder minder Affectvollen der Rede
sich schon dem Entschiednen und Vollendeten
des Ausdruckes nähern; ihre Stellungen und
Bewegungen dürfen schon ausgeführter, voller, gehaltner, als die des bloßen Schauspielers seyn. Denn diesem leztern geziemt durchaus kein andres als ein freyes und leichtes
Spiel, eine Gesticulation, die den höhern
vollern Ausdruck der Affecten nur dann und
wann und immer nur auf Augenblicke greift,
ohne auch in diesen Augenblicken ihn je bis aufs
höchste zu treiben. Freylich sind Rollen möglich, in welchen der Schauspieler Stellenweise
Lyriker, Redner, Rhapsod wird, und in solchen Stellen mag dann auch Er, eben wie jene, gesticuliren: aber während des eigentlichen

chen Dialogs, während der eigentlichen Handlung, muß er leicht, ungebunden, natürlich
spielen, den Ausdruck immer nur auf einen
gewissen Grad treiben, oft ihn nur andeuten,
nie in seinen Bewegungen Redner, noch viel
weniger Tänzer werden.

Nach der Parallele, worinn ich das Gebehrdenspiel mit Numerus der Rede und Declamation gestellt habe, errathen Sie schon
von selbst, daß ich auch von versificirten Thea-
terstücken kein Freund bin. Ich weiß, daß ich
hier große Beyspiele, selbst das Urtheil ganzer
Nationen und obendrein noch Räsonnements
bedeutender Kunstrichter wider mich habe: aber
den bey weitem größten Theil derjenigen Nation, zu welcher ich selbst zu gehören mich freue,
hab ich dagegen für mich: und so darf ich ja
wohl meinen Geschmack nicht verheimlichen —
was ich zwar auch mitten in Paris, mitten
unter den Bewunderern der französischen Tra-

gifer,

gifer, ſchwerlich wuͤrde. In Deutſchland hat man das verſificirte Trauerſpiel laͤngſt begraben; wenn es noch hie und da, und gemeiniglich nur auf Befehl, gegeben wird, ſo hat es wenig Zuſchauer mehr; man iſt Feind jener Declamationen und Tiraden, welche die Verſification ſo natuͤrlich mit ſich brachte; Feind jenes geſpannten, ſtrotzenden, uͤbertriebenen Spiels, welches wiederum eine Folge von beydem, von Verſification und redneriſcher Ausbildung der Empfindungen, war. Ein Le Kain, mit ſeiner Ueberſpannung aller edlen und ſeiner Verfaͤlſchung — nicht bloß Milderung — aller unedlen, aller auch nur gemeinen Ausdruͤcke, macht ſein Gluͤck nur noch an Deutſchlands undeutſchen Hoͤfen, aber ſchwerlich in Deutſchland. Indeſſen ſind wir noch nicht ſo gluͤcklich geweſen, daß wir unſer Urtheil haͤtten entwickeln, unſre Vorliebe fuͤr die Proſe durch Gruͤnde haͤtten rechtfertigen koͤnnen. Damit, daß wir ſo ſchlechthin

vom

vom Falschen, Gekünstelten, Unnatürlichen reden, ist sehr wenig gethan; das ist noch immer mehr der zu beweisende Ausspruch, als selbst der Beweis: und doch wäre, meines Erachtens, dieser Beweis sehr möglich, wenn man die Natur des Drama weiter entwickeln und sie mit der Natur des Sylbenmaaßes vergleichen wollte.

Fünf und dreyſſigſter Brief.

Tadeln Sie mich doch nicht als ungerecht gegen die franzöſiſche und parthenisch für die brittiſche Bühne: ich bin wahrlich keines von beydem, und ich habe der Engländer bloß darum nicht erwähnt, weil ich an ſie nicht gedacht, oder weil ich in Anſehung ihrer mich ſo ganz auf fremdes Urtheil hätte verlaſſen müſſen. Mag es ſeyn, wie Sie ſagen, daß zu London ſo gut wie zu Paris übertrieben wird und daß Raſen den guten Geſchmack noch mehr als Stroßen beleidigt; ich kann jenes nicht widerlegen und dieſes nicht läugnen: aber Fehler bleiben doch Fehler, ſie mögen von Wenigern oder von Mehrern begangen werden, und damit, daß vielleicht auch ein Quin ſündigt, iſt doch wahrlich ein Le Kain nicht gerechtfertigt. Die wahre und einzige Rechtfer-

fertigung für den leztern, wenn er, vor lau=
ter Begierde edel zu seyn, beydes überspannt
und verfälscht, hab ich schon angegeben; er
wählt sich die Stelzen, worauf wir ihn ein=
herschreiten sehen, nicht selbst; sie werden von
fremder Hand ihm angeschroben. Seine
Dichter stroßen und er muß mit ihnen stro=
ßen. —

Nach den Gründen, die ich wider die
Versification im Drama zu haben glaube, sind
Sie, wie ich merke, begierig; Sie hätten,
sagen Sie, diese Materie schon für erschöpft
gehalten; und wenn es nur keine Ausschwei=
fung wäre — — Aber es ist keine Aus=
schweifung, mein Freund; es ist ganz Eins,
ob ich den eigentlichen geraden Weg oder ei=
nen nahe liegenden, völlig gleichlaufenden Ne=
benweg gehe; ob ich zeige, daß ein Drama
in schlichter Prose geschrieben oder daß es leicht
und frey gespielt werden muß. Die Gründe

sind

sind für beyde Sätze dieselbigen; und ich habe, wenn ich jenen ersten Satz wähle, den Vortheil, daß ich mich leichter und faßlicher ausdrucken kann. Lassen Sie mich also, statt vom Spiele, lieber vom Numerus reden, immer die Anwendung von diesem auf jenes machen und vor allen Dingen die Gründe prüfen, womit bisher die Versification bestritten und womit sie vertheidiget worden.

Einer der Hauptgründe, auf welchen die Vertheidiger immer zurückkommen, ist das Beyspiel der alten Griechen und Römer. Ich bin so scheu, wie nur irgend einer, dieses sonst so gerechte Vorurtheil für die Alten geradezu als Vorurtheil zu behandeln; allein ich denke, man könnt es in diesem einzigen Puncte entkräften und es in allen übrigen schonen. Die Wendung, die man hier zu nehmen hätte, würde etwa folgende seyn. Wenn die Griechen in jeder Gattung der Dichtkunst so vortreflich,

treflich; wenn sie, um das Höchste zu sagen,
so unerreichbar sind: so rührt das vorzüglich
auch daher, weil eben sie die Erfinder waren.
Was die Gattungen und in den Gattungen
die einzelnen Werke verderbt, ist die Künsteley, ist das Streben nach Schönheiten, die
entweder im Allgemeinen mit der Natur der
Ideenfolge, mit der Form, mit der vorgesez-
ten Wirkung, oder insbesondre mit der Natur des gewählten einzelnen Gegenstandes
nicht verträglich sind. Diese Künsteley aber
ist nur Sache der Nachahmer: diese verderben
die Gattungen, weil sie neu seyn; weil sie sich
eine Mine von Originalität geben, weil sie
ihre Vorgänger übertreffen wollen: sie verderben den einzelnen Stoff, weil sie sich scla-
visch an ihre Muster binden und mit jeder Abweichung, wie nothwendig sie immer sey, zu
fehlen glauben. Auch das wirkliche Genie,
wenn es schon große Muster vor sich hat, wird
leicht durch Rücksicht auf diese Muster zer-

H 3   streut,

streut, geblendet, auf Abwege geführt. Nichts
von diesem allen fand bey jenen Griechen
Statt, die zuerst den Künsten ihr Daseyn ga=
ben; sie waren als Erfinder neu, auch wenn
sie die Gattungen in ihrer ganzen Wahrheit
und Einfalt schufen; sie strebten nach keinen
unvereinbaren Vollkommenheiten |und konn=
ten daher auch keine Wirkung verfehlen, kei=
ne minder erreichen; sie gaben sich, ohne
Rücksicht auf große Vorgänger, deren noch
keine vorhanden waren, mit vollem Geist und
Herzen ihrem jedesmaligen Gegenstande hln,
suchten keine Schönheit hinein=, sondern nur
diejenige herauszuarbeiten, die schon in ihm
lag, suchten nur diejenige Wirkung zu errei=
chen, wovon sie selbst, während der Arbeit, sich
ganz durchglüht fühlten. Sie ließen das
Werk Alles werden, was es durch sich selbst
werden wollte, und kamen der Natur in der
Vortreflichkeit ihrer Zeugungen nahe, weil
sie ihr in der Einfalt und Freyheit und Kraft
ihrer

ihrer Wirkungsart nachahmten. In spätern
Zeiten, wo schon Muster vorhanden, schon
gewisse Ideen von Vollkommenheiten und Wir=
kungen festgesetzt waren, fiel dieser Vortheil
hinweg; und eben daher vielleicht die Erschei=
nung, daß bey den Griechen die frühern Wer=
ke, soviel wir urtheilen können, auch die vor=
treflichern sind. Nur ihr Aeschylus ist noch
nicht das, was ihr Sophokles ist; nur ihr
Drama entstand nicht so, wie ihre andren Dich=
tungsarten entstanden; nur dieses wuchs nicht
aus sich selbst, nicht völlig frey und ungehindert
empor; es ward gleich Anfangs auf eine an=
dre, auf die lyrische, Gattung gepfropft und
nahm von dieser Gattung einen gewissen frem=
den Geschmack an, der sich mit der Zeit zwar
etwas, aber nie ganz wieder verlor. Unter
andern war in den frühern Werken die Spra=
che noch viel zu geschmückt, zu episch, zu hoch*);

H 4   vol=

*) S. Aristot. Rhet. L. III. c. 3. Οἱ τας πρα-
γωδιας

vollends das Sylbenmaaß schickte sich durch=
aus nicht zum Dialog, war viel zu hüpfend
und lyrisch *). Hier also mußten die Grie=
chen die Vollkommenheit, die sie nicht gleich
gefunden hatten, erst lange und mühsam su=
chen; sie mußten bessern und bessern, bis sie
endlich statt des epischen einen leichtern weni=
ger geschmückten Ausdruck und statt des zu
lyrischen Verses den Jamben wählten. Der
Vorzug dieses Jamben war, nach Angabe des
Aristoteles der, daß er der Prose näher
kam **); und so war denn, nach diesem Welt=
weisen

γωδιας ποι;ντες, ὥσπερ εκ των τετραμετρα ν
εις το ιαμβειον μετεβησαν, δια το τῳ
λογῳ τατο των μετρων ὁμοιοτατον ειναι
των α\λων· ἠτω και των ονοματων αφη=
κασιν, ὁσα παρα την διαλεκτον εςιν· οἷς
δ᾽ οἱ πρωτον εκοσμ;ν, και ετι νυν οἱ τα
εξαμετρα ποιοντες, αφηκασι.

*) S. auch de Poët c. 4.
**) Arist. II. c.

weisen selbst, das eigentlich Beste und Schick⸗
lichste für das Drama die Prose. Wären die
Griechen in der Verbesserung fortgegangen;
so läßt sich annehmen, daß sie endlich, statt
des nur Bessern, das Beste, statt des mehr
prosaischen Sylbenmaaßes, die Prosa selbst
würden genommen haben. So aber wirkte
bey ihnen ein ähnliches Vorurtheil, wie bey
unsren Nachbarn; niemand hatte das Herz,
die Versification, die er von Alters her in Be⸗
sitz fand, ganz zu verbannen; auch schien die
Kunst durch einen Sophokles schon vollen⸗
det, schon auf ihren Gipfel gebracht; man
hielt nach so vortreflichen Werken, als dieser
große Mann hervorgebracht hatte, noch vor⸗
treflichere für unmöglich. Die Tragödie,
sagt Aristoteles selbst *), hatte nach einer

H 5

Men⸗

*) De Poët. l. c. πολλας μεταβολας μετα-
βαλυσα ἡ τραγωδια επαυσατο, επει εσχε
την ἑαυτης φυσιν.

Menge Umwandlungen endlich ihr Wesen erreicht und stand stille.

Doch fand sich, was hier nicht zu übersehen ist, bey den Griechen ein Umstand, der die Einführung der Prose, auch wenn man die größere Schicklichkeit derselben endlich erkannt hätte, schwerlich würde erlaubt haben. Dieser Umstand war die ausserordentliche Größe ihrer Theater und die ungeheure Menge der Zuschauer. Sehen Sie hierüber eine Stelle von **Diderot**, die in jeder Betrachtung zu merkwürdig ist, als daß ich sie nur anziehen, nicht hersetzen sollte. „Ist es nicht wahr„scheinlich, sagt er *), daß die große Menge „der Zuschauer, die alle hören sollten, ohnge„achtet des verwirrten Getöses, welches sie beftän

*) Theater des Herrn Diderot. Neuste deutsche Ausg. Th. 1. S. 191 fg. Vergl. Mercier du Theatre ou Nouvel Essai sur l'art dramatique. p. 301. not. b.

„beſtåndig, auch wenn ſie am aufmerkſamſten
„ſind, machen; daß eben dieſes vornehmlich
„Anlaß gegeben, die Stimme zu erheben, die
„Sylben abzuſetzen, die Ausſprache zu unter-
„ſtützen und die Nützlichkeit der Verſification
„zu merken? Horaz ſagt von dem dramati-
„ſchen Vers:

> „Vincentem ſtrepitus et natum rebus
> agendis: *)

„Er ſchickt ſich ſehr wohl zur Hitze der Hand-
„lung und man kann ihn, troz allem Geråuſch,
„deutlich hören. Mußte ſich aber die Ueber-
„treibung nicht nothwendig zu gleicher Zeit
„und aus der nehmlichen Urſache auf den Gang,
„auf die Gebehrden und auf die übrigen Thei-
„le der Handlung erſtrecken? Und daher ent-
„ſtand dann die Kunſt, die man Declamation
„hieß.“

„Dem

*) Ad Piſones. v. 82.

124

„Dem sey nun wie ihm wolle, die Poesie
„mag die theatralische Declamation veranlaßt
„haben, oder die Nothwendigkeit dieser De=
„clamation mag die Poesie und das Empha=
„tische auf der Bühne eingeführt haben; oder
„das ganze System mag nach und nach ent=
„standen seyn und sich durch die Ersprießlich=
„keit seiner Theile erhalten haben: so ist doch
„soviel gewiß, daß Alles, was die dramati=
„sche Action Ungeheuers hat, zugleich mit ein=
„ander entsteht und zugleich mit einander ver=
„schwindet. Der Schauspieler muß auf der
„Scene entweder nichts oder er muß alles
„übertreiben.

Nehmen Sie von diesen Vorstellungsar=
ten an, welche Sie wollen; die meinige oder
die des Diderot oder beyde zugleich: so wird
in jedem Falle der Grund, den man von dem
Beyspiel der Alten hernimmt, entkräftet.
Hatten die Alten noch nicht das wahre volle

Ide=

Ideal eines Drama; so folgt, daß wir uns
weniger bestreben müssen, sie zu erreichen, als
zu übertreffen: und hing bey ihnen die Versi=
fication nur von gewissen äussern Umständen
ab; so folgt, daß wenn diese wegfallen, auch
jene wegfallen muß. Ohne Noth noch bey=
zubehalten, was nur Noth erfand und nur
Noth entschuldigte, wäre ja thöricht. Und so
kann denn auch die Spielart der Alten, wenn
diese wirklich dem übrigen System entsprach
und von der höhern feyerlichern Art war, für
die heutigen Schauspieler nicht mehr Gesetz
seyn. Der Ton der Werke selbst darf sich än=
dern, und mit ihm darf nicht nur, sondern
muß sich der ganze Vortrag ändern. —

Wie viel mit diesem ganzen Räsonnement
gewonnen sey, sehen Sie leicht: bewiesen ist
eigentlich für die Prose noch nichts; man zeigt
nur, daß auch nichts wider sie bewiesen ist:
und so wären denn noch beyde Parthenen ein=
                                        ander

ander gleich, wenn nicht diejenige, die sich der
Verse annimmt, gerade den Hauptbeweis für
die Prose ganz danieder gerissen hätte. Schon
vor vierzig Jahren und mehr, griff ein Freund
des ältern Schlegels die Versification im Lustspiel als unwahrscheinlich, als unnatürlich an:
denn, sagte er, Menschen, die ihre Gedanken
ohne Vorbereitung entwickeln, können nicht
Sylben zählen, nicht ihre Wörter metrisch
ordnen, können unmöglich in Versen reden *). Schlegel, selbst versificirender ko-
mischer Dichter, verfocht die Sache des Verses und seine eigne mit großer Lebhaftigkeit;
er gab die Unwahrscheinlichkeit zu, läugnete
aber durchaus, daß deßwegen ein Lustspiel in
Versen schlechter sey, als ein Lustspiel in Prose. Er glaubte, daß man dem Grundsatze
von

*) S. Kritische Beyträge, 23stes Stück vom J.
1740. Beweis, daß eine gereimte Komödie
nicht gut seyn könne.

von der Nachahmung eine zu weite Ausdeh=
nung gäbe; und in der That: wenn man die=
sen Grundsatz durch keine nähern Bestimmun=
gen einschränkt, so läßt sich eben mit ihm die
ganze Dichtkunst zu Grunde richten. Es
giebt kein Kunstwerk von keiner Gattung, sagt
Schlegel, das nicht die eine oder die andre
Unwahrscheinlichkeit hätte; selbst das Lustspiel
hat, ausser der Versification, noch ganz an=
dre, die man doch nicht bloß duldet, die man
ausdrücklich verlangt. Volle Wahrheit der
Natur fodert niemand; sogar beleidiget sie
den guten Geschmack: es ist Regel für jeden
Künstler, nie die Nachahmung dem Vorbilde
so gleich zu machen, daß sich beyde durch nichts
Merklichs mehr unterscheiden. Im Lustspiele
nun ist eben die Versification ein Mittel, die
Nachahmung des Lebens gegen das wirkliche
Leben abzusetzen: Sitten, Handlungen, Re=
den, alles nimmt man aus der Natur; man
läßt die Wahrheit der Nachahmung im We=
sent=

sentlichen durchaus ungekränkt: aber man erinnert sich, daß man Dichter ist, daß man,
als Dichter, die Verbindlichkeit hat, auf das
höchste Vergnügen, mithin auf die Vereinigung aller nur verträglichen Schönheiten zu
arbeiten: man bringt daher in die Rede har-
monischen Klang und erfüllt mit der allgemeinen Pflicht des Künstlers zugleich die besondre
des Dichters; man unterscheidet die Nachahmung vom Vorbilde und ergötzt durch eben
dieses Mittel das Ohr *).

Bessere Gründe, als hier Schlegel, hat
keiner der nachfolgenden Vertheidiger des Verses, und Hurd nicht einmal so feine, so trif-
tige vorgebracht **); auch sind, meines Wis-
sens,

*) S. Joh. Elias Schlegels Werke, dritt. Theil.
In dem 4ten Stück: Schreiben über die Komödie in Versen.
**) S. Horazens Episteln an die Pisonen und an
den Augustus. Zweyt. Th. Erste Abhandl.

fens, diefe Gründe noch von niemanden um=
geftoßen worden. Vielmehr fcheint noch im=
mer das Räfonnement der Kunftrichter den
Verfen eben fo günftig, als die Empfindung
der Liebhaber ihnen abhold zu fenn. Wenn
man ja der Profe den Vorzug giebt, fo ift es
nur darum: weil Verfe entweder vollkommen
gut oder gar nicht gemacht werden müßen,
weil die wefentlichern Vollkommenheiten des
Drama fich fo äufferft fchwer mit einer leichten
fließenden Verfification vereinigen laßen, und
weil am Ende das bloße Vergnügen des Ohrs
weder die Aufopferung der höhern Schönhei=
ten, noch die unendliche Mühe des Dichters
werth ift. — Sie fehen, daß bey diefer Art
von Vergleich die Verfification eigentlich alles
gewinnt und die Profe alles verliert: jene bleibt
im Befiße des Ideals und diefe erfcheint als
bloßer Nothbehelf für den, der das Ideal
nicht zu erreichen weiß. Aber follt es denn
wirklich um die Sache der Profe fo mißlich

Mimik 2. Theil.　　　J　　　　ftehen,

stehen, daß man nöthig hätte, zu einem so schimpf=
lichen Vergleich zu schreiten? Man beweise ent=
weder, daß auch im Ideal des Drama die Pro=
se und nicht die Versification liege; daß, nach
Molierens Tode, nicht sein Geiziger hätte
sollen in Verse gebracht, daß ganz im Gegen=
theil sein Menschenfeind hätte sollen in Prose
aufgelöst werden; daß selbst das Trauerspiel,
versificirt, ein schwächeres Gedicht sey, als
unversificirt; — ein schwächeres! weil es ja
nicht auf Rhythmus und Klang, sondern auf
die höchste Wirkung ankommt, und weil noch
gar sehr die Frage ist: ob die Wirkung durch
Rhythmus und Klang immer vermehrt, nicht
auch zuweilen vermindert werde? — man
beweise, sag ich, entweder dieß, oder man
lasse den ganzen Streit lieber fahren. Ihn
durch ein großmüthiges Nachgeben der Gegen=
parthey, mehr als durch eigenes Recht, zu
gewinnen, wäre beschämend.

Ob

Ob ich im Stande seyn werde, den hier
angegebenen Beweis wirklich zu führen? das
wird Ihnen die Folge zeigen. Für jetzt nur
noch die Erinnerung : daß mit dem Vorwurf
des Unnatürlichen wider die erhöhtere Action
eben so wenig gethan ist, als wider den erhöh
ten Rhythmus der Rede. Auch sie, könnte
man sagen, ist ein Mittel, die Nachahmung
von der Natur zu unterscheiden; auch sie hat
mehr Anmuth, mehr Schönheit, mehr Reiz,
als die gemeine alltägliche Gesticulation; auch
sie also ist dem Schauspieler nicht allein erlaubt, sondern für ihn Gesetz: denn ihm, so
gut als jedem andern Künstler, liegt die
Verbindlichkeit ob, auf das höchste Vergnügen, mithin auf die Vereinigung aller nur
verträglichen Schönheiten, zu arbeiten. Wenn
er Ausdrücke gewisser Empfindungen verfälscht,
so mag das freylich Fehler seyn; diese Untersuchung ist hier nicht hergehörig: aber daß
er sie erhöht, sie über die Natur treibt, ist

J 2   kei-

keiner; denn dieses darf er und soll er. — Sie
erkennen, was ich gleich anfangs erinnerte,
daß beyde Fragen, die vom Numerus und die
von der Spielart, im Grunde die nehmli=
chen sind, und daß es so gut wie Eins ist,
ob man jene oder ob man diese beant=
wortet.

Sechs

Sechs und dreyssigster Brief.

Richtiger freylich, als die meisten seiner Vorgänger, hat Herr Eberhard über den Grundsatz der Nachahmung geurtheilt, und ich danke Ihnen, daß Sie mir eine Schrift ins Gedächtniß gebracht, aus der ich von neuem gelernt habe *). Es sollte mir, denk ich, nicht schwer geworden seyn, an die Ideen dieses Weltweisen die meinigen anzuknüpfen, so sehr es auch in einer gewissen Stelle scheint, als ob er den Vers begünstigen wolle; aber einmal hab ich nun mein eignes Gewebe schon völlig fertig, und es Faden vor Faden wieder aufzutrennen und umzuweben, wäre so mühsam. Ich werfe lieber meine Gedanken ganz

J 3   so

*) Allgemeine Theorie des Denkens und Empfindens, S. 144 fg.

so hin, wie sie entstanden, und spare Ihnen
selbst das Vergnügen auf, sie mit denen meines Freundes zusammenzuhalten. —

Daß der Dichter nicht nachahmt, bloß
um nachzuahmen; daß nicht die vollkommenste Aehnlichkeit mit der Natur, sondern die
vollkommenste Wirkung das höchste Verdienst
seines Werks ist, und daß nur um dieser Wirkung willen die vorsezlichen, nicht schon in den
wesentlichen Schranken der Kunst gegründe-
ten, Abweichungen des Nachbildes vom Vorbilde zuläßig sind; darüber, glaub ich, sind
wir jetzt alle einig. Was die Wirkung schwächt
oder hindert, wollen wir weggeschnitten; was
sie erhöht und befördert, wollen wir hinzugethan wissen. Nur fürcht ich, wir denken uns
diese Wirkung oft zu allgemein und halten
manches, in Beziehung auf sie, für gleich-
gültiger und unbedeutender, als wir sollten.
Vergnügen ist allerdings der Zweck jedes Dichters;

ters; aber wie vielfach und mancherley sind
die Arten dieses Vergnügens! Und das, was
sich mit der einen Art desselben so wohl ver=
trägt; wie wenig verträgt es sich oft mit der
andern! Wie sehr kann eben der Beysatz, der
den Wohlgeschmack der einen Speise erhöht,
dem Wohlgeschmacke der andern schaden!
wie fade, wie widrig, wie eckelhaft kann er
sie machen! Schönheiten, die mit dem Be=
griff eines Gedichts überhaupt sehr verträglich
sind, können doch in Widerspruch mit einer
besondern Dichtungsart seyn, wo das Ver=
gnügen der Seele aus einer bestimmten Art
der Beschäftigung entspringen soll und alles,
was diese stört, nothwendig auch jenes hin=
dert. Man schliesse also ja nicht zu voreilig:
weil Vergnügen der Zweck des Dichters ist
und auch Versification Vergnügen gewährt,
so darf oder so muß jeder Dichter versificiren;
man frage zuvor: ob nicht vielleicht die Ver=
sification irgend etwas Eignes habe, wodurch

J 4   sie

sie die eine Art von angenehmer Seelenbeschäftigung eben so erschwert, wie sie die andre erleichtert?

Die Versification ist nicht, wie man glaubt, eine bloße allgemeine Annehmlichkeit; sie ist nicht wie ein bloßes glückliches Organ zu betrachten, das nur mit runderm, vollerm, reinerm Tone ausspricht und dadurch für jede Art von Declamation erwünscht ist; sie ist selbst schon Anlage, Hülfe, Einladung zur Declamation; eine Verstärkung der innern specifischen Kraft der Rede, ein Mittel zur Hervorhebung des Sinnes und der Empfindung. Jedes Sylbenmaaß ist Nachahmung eines gewissen eignen Ideenganges, entspricht also einer gewissen besondren Art von Empfindung, von Stimmung der Seele; erhält dadurch seinen ihm eigenthümlichen, bald hervorstechendern, bald verborgnern Charakter. An dem einen ist Weichheit und Sanftheit, an einem

einem andren Feuer und Kraft, an einem
dritten Feyerlichkeit und Ernst unverkennbar:
wenn das eine hüpft, schleppt das andre;
wenn jenes die Seele hebt, schlägt dieses sie
nieder; wenn das eine eine wallende, so hat
das andre eine gestoßne Bewegung. Daher
ist auch keinem Dichter die Wahl des Sylben=
maaßes gleichgültig; er liest es sorgfältig nach
der besondern Wirkung aus, die er hervorbrin=
gen will: und wählt er unglücklich, so kann
er an seinem Werke viel, wo nicht alles, ver=
derben.

Denken Sie sich nun ein einförmiges, aus
lauter gleichen Füßen, vielleicht auch aus lau=
ter gleichen Rhythmen bestehendes Sylben=
maaß: und Sie begreifen sehr bald, daß die
Wirkung eines lyrischen, eines malenden, ei=
nes didaktischen Werks ungemein dadurch ver=
stärkt werden könne. Aber auch die eines dra=
matischen Werks? — In der Seele des ly=

J 5   rischen

rischen Dichters herrscht eine einzige Hauptempfindung, die sie ganz durchdrungen, die
sich aller ihrer verborgensten Kräfte und Neigungen bemächtigt und sie alle, so zu reden,
auf Einen Ton gestimmt hat; diese Empfindung sey Freude, Liebe, Stolz; kurz, es sey
eine von denen, die einen ebnen, gleichförmigen, regelmäßigen Gang halten: was wird
da besser der Natur derselben entsprechen; was
wird fähiger seyn, die Seele des Zuhörers in
die nehmliche Empfindung hineinzuzaubern,
als eine eben so gleichförmige, dem Gange
der Empfindung richtig angemessene Folge von
Füßen? längere gleichgemessene Zeilen von
trägen, weichen Trochäen, oder diese längern
Zeilen regelmäßig mit kürzern abwechselnd, in
welchen der bis dahin ausgehaltne gezogene
Athem sanft verhaucht: wie sehr können sie
der wehmüthigen schmelzenden Empfindung
des elegischen Dichters gemäß seyn! einer Empfindung, die sich von Anfang bis zu Ende,

ohne

ohne wilde Sprünge, ohne rasche Ausbeugun-
gen und Uebergänge, in einerley langsamen
Fortgleiten erhält! Wie sehr kann bey dem
Zuhörer der nehmliche Ideengang durch die
ihm so ähnliche, so entsprechende Folge der
sinnlichen Eindrücke begünstigt werden! Und
bey dem malenden Dichter: wenn dieser von
dem Ganzen, das er durch Theile und Merkmale verfolgt, einen entschiednen, bleibenden
Haupteindruck des Erstaunens, der Zufriedenheit, der sympathetischen Rührung erhalten;
bey dem didaktischen: wenn der rasche bittre
Unwille über die Laster, die er schilt, wenn
feyerliches Gefühl der Größe, der Wichtigkeit,
der Erhabenheit seiner Wahrheiten ihm die
ganze Seele ergriffen, alle ihre Kräfte in ein
einziges herrschendes Interesse verschlungen
hat: wie sehr kann das wohlgewählte, wohl-
bearbeitete Sylbenmaaß, bey jenem die Kraft
des Gemäldes, bey diesem den Nachdruck der
gepredigten Wahrheiten, verstärken! Finden
sich

ſich) kleine Miſchungen, Abſtufungen, Aus-
beugungen; wie leicht ſind auch dieſe durch
Klang und Maaß der einzelnen Wörter, durch
Verlegung der Einſchnitte, durch vorſezliche
kleine Unregelmäßigkeiten, durch andre und
andre Anordnung der Perioden herauszubrin-
gen! Sey es immer nicht in der Natur, immer nicht der Wahrſcheinlichkeit gemäß, daß
ein von Empfindung geſchwelltes Herz, ein
über wichtigen Wahrheiten arbeitender Verſtand, auch das Mechaniſche der Rede ſo höchſt
anpaſſend wähle; dieſes Mechaniſche, wenn
nur die Mühe, die es gekoſtet, geſchickt ver-
borgen wird, trägt zur Verſtärkung der abge-
zielten Wirkung bey, und das erſte, höchſte
Geſetz des Dichters iſt Wirkung.

Ganz verſchieden iſt der Fall bey dem dramatiſchen, ſowohl tragiſchen als komiſchen,
Dichter. Ohne noch tiefer in das eigentliche
Weſen der dramatiſchen Gattung einzudrin-
gen,

gen, erkennt man doch so viel beym erſten Bli⸗
cke: daß hier die Seele nicht in eine einzige
Empfindung ſoll eingewiegt, daß ſie durch ei⸗
ne ganze Mannichfaltigkeit von Empfindun⸗
gen ſoll durchgeführt werden, und daß eben
auf dieſer wohlverbundenen Mannichfaltigkeit
die ganze Schönheit und Wirkung dramati⸗
ſcher Arbeiten beruht. Zu ſo einem Entzwe⸗
cke aber; wie kann es vortheilhaft ſeyn, wenn
ſich der Dichter durchaus an einerley feſtes
unverändertes Sylbenmaaß bindet? wenn er
den Ausdruck ſo mancher Empfindungen, durch
Mißſtimmung des Mechaniſchen mit dem in⸗
nern Sinne der Rede, ſchwächt und in eben
den Trochäen, worinn das ſanftgerührte Mit⸗
leiden ſpricht, auch den heftigen gewaltſamen
Zorn; in eben den Jamben, worinn ſich der
Zorn ergießt, auch das ſanftgerührte Mitlei⸗
den reden läßt? Die Alten, die dieſe Unſchick⸗
lichkeit beſſer, als wir, ſcheinen gefühlt zu ha⸗
ben, enthielten ſich daher in ihren theatrali⸗

ſchen

schen Werken durchaus der einförmigen Sylbenmaaße; sie wechselten mit den Füßen ohne
Bedenken, wo die veränderte Natur der Leidenschaft es zu erfodern schien; und es wäre
vielleicht eine nicht so ganz undankbare Arbeit,
wenn irgend ein neuer **Demetrius Triklini-**
us die griechischen Tragiker ausdrücklich
in der Absicht durchlaufen wollte, um den jedesmaligen Grund der Abänderungen zu prüfen. — Am **Terenz** hat es zwar **Quinti-**
lian getadelt, daß er nicht durchaus bey den
sechsfüßigen Jamben geblieben *); aber welchen bittern, höhnenden Widerspruch hat er
darüber von **Bentley** erfahren **)! Ich glaube,

---

*) Inftit. Orat. L. X. c. 1. In Comoedia maxi-
me claudicamus — — licet Terentii fcripta
ad Scipionem Africanum referantur: quae
tamen funt in hoc genere elegantiffima et
plus adhuc habitura gratiae, fi inter verfus tri-
metros ftetiffent.

**) In Praefat. ad Terent. — Mirificum fane mag-
ni Rhetoris judicium! — — Crederes pro-
fecto,

be, Quintilian ließe sich retten; allein insofer=
ne hat doch Bentley unstreitig Recht, daß es
widersinnig und unschicklich ist, den Ausdruck
von

fecto, hominem nunquam fcaenam vidiffe'
nunquam Comoedum partes fuas agentem,
fpectaviffe. Quid voluit? quod nec Menander nec ullus Graecorum fecit, Terentius ut
faceret? *ut ira, metus, exultatio, dolor, gau-
dium, et quietae res et turbatae, eodem metro
lente agerentur?* ut tibicen paribus tonis per-
petuoque cantico fpectantium aures vel de-
laffaret vel offenderet? Tantum abeft, ut eo
pacto *plus gratiae habitura effet fabula,* ut quantumvis bene morata, quantumvis belle fcripta, gratiam prorfus omnem perdidiffet. Id
primi artis inventores pulchre videbant, de-
lectabant ergo varietate ipfa diverfaque ηϑη
χαϱ παϑη diverfo carmine repraefentabant.
Marius Victorinus p. 2500: *nam et Menander
in comoediis frequenter a continuatis jambicis ver-
fibus ad trochaicos tranfit et rurfum ad jambicos
redit.* Non ita tamen agebant veteres, ut
ab uno in aliud plane contrarium repente exi-
lirent, ab jambicis in dactylicos, fed in pro-
pinquos trochaicos, ipfo tranfitu paene fal-
lente.

von allerley oft ganz entgegengesetzten Affekten
in einerley festes Sylbenmaaß einzukerkern.
Freylich kann die Declamation bey gewissen
Sylbenmaaßen — bey Alexandrinern schon
weniger als bey zehnfüßigen Jamben — den
Fehler vermindern, vielleicht auch hie und da
ihn unmerklich machen; aber größer würde
doch immer die Wirkung seyn, wenn man dem
Schauspieler durch schickliche Anordnung der
Füße lieber zu Hülfe käme, ihn vermittelst des
Numerus zu der wahren Art der Declamation einlüde, ihn darauf hinwiese, ihm seinen
Ton gleichsam vorschriebe; kurz, wenn man,
statt ihm Mühe zu machen, ihm lieber Mühe ersparte.

Die neuern Dichter, beydes die unsrigen
und die Ausländer, scheinen mehr auf das Urtheil Quintilians, als auf das Beyspiel eines
Sophokles und Menander, gegeben zu haben. Sie haben alle, so viel ich mich ihrer
jezt

jetzt erinnre, die einförmigen Sylbenmaaße den gemischten abwechselnden vorgezogen; auch haben die meisten sich noch überdieß dem Zwange des Reims unterworfen und auf die Gründe nicht geachtet, womit verschiedene Kunstrichter, vorzüglich Jsaac Voß, *) gegen diesen zwiefachen Mißbrauch geeifert haben. Vielleicht war es die Macht der einmal angenommenen Gewohnheit; vielleicht auch ein

*) De Poëmatum cantu & viribus Rhythmi. p. 79. sq. — — Antiqui jambicos versus trochaicis & anapaesticis soliti fuere alternare, cum varietas delectet & similitudo mater sit satietatis. *Huc accedit, quod, cum in omni dramatum genere diversorum affectuum & personarum habenda sit ratio, absurdum omnino sit, si omnia eodem metro peragantur, a quo tamen vitio hodierni comici & tragici non sibi cavent, utpote quorum integra dramata eodem carminis genere absolvantur.* Multo etiamnum magis id ipsum offenderet, si in hodierna poësi quantitas metrica observaretur. *Nam cum singuli affectus peculiares habeant motus, annon ipsi naturae vis infertur, si contrarios affectus iisdem exprimamus motibus?*

Mimik 2. Theil. 𝕶

ein gewiſſes dunkles Gefühl von der größern Schönheit einförmiger Sylbenmaaße, was ſie gegen die Gründe der Kritik ſo hartnäckig machte. Wahr und unwiderleglich ſcheinen mir dieſe Gründe immer; indeſſen ſind ſie für mich noch unzulänglich, der ich überhaupt alle Verſification aus echten dramatiſchen Werken verbannen und ſtatt ihrer die Proſe einführen mögte. Sie laſſen noch jene Miſchung der Sylbenmaaße nach Art der Alten; laſſen noch die — wie ſoll ich ſie nennen? — bildſamen Sylbenmaaße übrig, die, wie der Hexameter, mehrerley Füße aufnehmen und dadurch eines mannichfaltigern Ausdruks empfänglich werden. Wenn ich auch dieſe fortſchaffen will, ſo ſehe ich wohl, daß ich noch ganz andere Gründe der Entſcheidung aus der Natur des Drama werde entwickeln müſſen.

Sie‹

Sieben und dreyſſigſter Brief.

Es iſt eine ſo alte, aber nach ihren wichtigen Folgen noch zu wenig erwogne Bemerkung: daß der erzehlende Dichter in ſeiner eignen Perſon erſchéint, hingegen der dramatiſche ſich verbirgt. Was man ſich unter dieſer Bemerkung eigentlich denkt, läßt ſich vielleicht noch beſſer ſo faſſen: in der Erzehlung tritt nur Eine Perſon auf, die für den gegenwärtigen Augenblik Muße hat; die ſchon vor der Mittheilung ihre Ideen empfing, ausbildete, nährte; die jezt mit nichts als eben mit dieſen Ideen beſchäftiget iſt: im Drama erſcheinen Perſonen, die ſich in wirklicher gegenwärtiger Unruhe befinden; Perſonen, die ihre Gefühle ſelbſt im Augenblicke des Eindruks, ihre Ideen ſelbſt im Augenblicke des Entſtehens mittheilen; die nie mit der Ausbildung dieſer Gefühle

K 2   und

und Ideen allein zu schaffen haben, sondern
immer Absichten erreichen wollen, immer mit
ihren Gedanken vorwärts in die Zukunft streben, immer Veränderungen und Umwälzun-
gen ihres innern oder äussern Zustandes bald
selbst bewirken, bald von andern erfahren.
In der Erzehlung hören wir einen Zeugen,
der schon die Begebenheiten nach allen ihren
Folgen, die Theile nach allen ihren Beziehungen übersieht; der uns überdieß in seinen eigenen Gesichtspunkt stellen, uns den Eindruk
mittheilen will, den eine schon völlig vergan-
gene, nur noch für die Phantasie interessante,
Folge von Begebenheiten auf ihn selbst gemacht hat: dieser darf das weniger Wichtige
überhüpfen, zusammendrängen; darf von ganzen Reden, ganzen Reihen abwechselnder Empfindungen, ganzen langen unruhvollen Ueber-
legungen nur die Resultate hinwerfen; darf
auch da, wo er die Personen selbstredend ein-
führt, ihre Reden nur in Auszug bringen,
und,

und, wenn er nur im Wesentlichen den Inhalt nicht verfälscht, ihre Ideen in Verbin-
dungen stellen, die sie im Augenblicke des
Werdens noch nicht hatten, nicht haben konnten; darf, als Zeuge, der sich mehr der Sachen als der Worte erinnert, ihnen seine eigenen Ausdrücke leihen, und ihrer Sprache nur
den Ton der jedesmaligen Hauptempfindung
geben. Im Drama hören wir die Personen
selbst, für die nur die Gegenwart wirklich und
die Zukunft noch Zukunft ist; sie stellen sich
uns, Situation vor Situation, nach der ganzen Individualität ihrer Charakter dar, mit
jeder der kleinsten Veränderungen ihrer Seele, mit jedem schwachen abwechselnden Ein-
drucke, den sie, während ihrer gegenseitigen
ununterbrochenen Einwirkung, Augenblick vor
Augenblick, auf einander machen, mit jeder
entstehenden, bekämpften, halbverschwinden-
den, seitwärts ausbeugenden, wiederkehren-
den, zulezt sich verlierenden Empfindung, mit

K 3   jedem

jebem kaum gefaßten schon wieder verworf,
nen, nach den Umständen abgeänderten, auf,
gegebnen, festgesezten Entschlusse.

Alles, was ich hier angegeben, läßt sich
auf den Einen Begriff der Vergegenwärti-
gung bringen; und eben diese Vergegenwärti-
gung ist es, wovon die ganze specielle Wirkung des Drama abhängt. Das Vergnü-
gen beruht hier so sichtbar auf dieser vollständigen Erkenntnis der Art, wie sich eine Handlung, Moment vor Moment, entspinnt, verwickelt, umwälzt, endigt; auf dieser genau-
ern Bekanntschaft mit der ganzen Natur der
nach aller ihrer Individualität sich Augenblik
vor Augenblik uns enthüllenden Charaktere;
auf dieser innigsten Theilnehmung an dem
Schiksal der interessirenden Personen; einer
Theilnehmung, die so ganz und so lebhaft
nur bey der vollständigen Kenntnis ihrer ge-
heimsten Denkungsart und der ganzen Be-
schaf-

schaffenheit ihrer äussern und innern lage Statt
finden kann.

Dieses vorausgesezt, erinnern Sie sich
nun des Grundsatzes: daß der Dichter alles,
was die Wirkung schwächt, vermeiden, alles,
was ihr vortheilhaft ist, aufs sorgfältigste beobachten soll. Auf den dramatischen Dichter
angewandt, ergiebt sich hieraus die Regel:
daß er nichts in seine Nachahmung bringen
muß, was die Idee der Gegenwart nur im
mindesten erschweren, und noch viel weniger,
was sie aufheben könnte. Alle die Aenderun-
gen, die er mit einem gegebenen Stoffe zur
Verstärkung der Rührung, zur Vermeidung
eines langweiligen ermüdenden Detail, zur
bessern Hervorhebung der Charaktere und Situationen vornimmt, müssen doch nie der
Darstellung schaden; müssen der Vorausse-
tzung des gegenwärtigen Augenbliks, der eben
jezt sich entwickelnden Ideen, Empfindungen,

Absich-

Abſichten ſchonen. Die Seele des Menſchen
hat ein untrügliches Gefühl ihrer ſelbſt; ſie
ſucht ihre eigne Natur in andern, kann ſich
nur inſoferne in dieſe andern verſetzen, als ſie
ihre eigene Natur in ihnen wiederfindet. Eine völlige Abweichung von dem, was nach
ihrem Selbſtgefühl einzig wahr iſt, muß un-
fehlbar den Eindruk zerſtören; eine geringere
muß ihn wenigſtens ſchwächen, aufhalten,
verwirren. Weg alſo aus dem Drama mit
allem, worinn die Seele nur den mindeſten
Widerſpruch, nur die kleinſte Mißſtimmung
mit ihrem eigenen Weſen fühlt; was ſie nicht,
beym Plazwechſel mit den handelnden Perſonen, gerade ſo wie es vorgeſtellt wird, in ſich
ſelbſt hervorbringen kann; wogegen ihre eigene Natur ſich beym Nachempfinden ſträubt;
wobey ſie irgend ein Hindernis, irgend eine
Schwierigkeit, in den Geſetzen ihrer eigenen
Kräfte findet.

Und

Und nun, mein Freund, erlauben Sie
mir, einigen mir unentbehrlichen Erfahrungen eben dadurch die Kraft des Beweises zu
geben, daß ich sie in eben so viele Fragen an
Sie verwandle. Denn wie sonst, als durch
Beziehung auf das sichre untrügliche Selbst-
gefühl eines jeden, lassen Erfahrungen von
dem Innern der Seele sich außer Zweifel
setzen?

Zuerst also: Finden Sie nicht, daß, wie
jede Wirkung ohne Ursache, so auch jeder Ton
der Empfindung Ihnen anstößig ist, wo offenbar keine Empfindung Statt hat, vielleicht
auch nie Statt haben kann? Finden Sie
nicht, daß eben so auch jede Ueberspannung
des Tons Sie beleidigt, wo beydes der Charakter und die Lage der Personen Sie auf einen geringern, als den angegebenen, Grad
der Empfindung hinführen? Und wenn nun
im Drama unter die Augenblicke der Unruhe

K 5 sich)

sich so oft auch Augenblicke der Ruhe mischen;
wenn nicht selten die kältesten gleichgültigsten
Dinge nicht bloß von den Nebenpersonen,
sondern selbst von den Hauptpersonen gesagt
werden müssen: wird nicht da jeder unpassen=
de leidenschaftliche Ton, statt Sie zu vergnü=
gen, vielmehr die Bedingung Ihres Vergnü=
gens, die Täuschung, aufheben? Wird nicht
jede zu große Gleichheit des Tons gerade das
Hauptverdienst dramatischer Werke, die rich=
tige schöne Folge und Abstufung der Empfin=
dungen, und eben dadurch Ihren Glauben
und Ihr Vergnügen, kränken?

Zweytens: Sagt Ihnen nicht Ihr Selbst=
gefühl, daß kein Gegenstand sich auf den er=
sten Augenblik der Seele genug bemächtigen
kann, um den bis dahin regellosen, nachläßi=
gen Gang ihrer Ideen plözlich nach einer ganz
bestimmten Regel zu ordnen; so daß sie au=
genbliklich mit allen ihren Ideen und Empfin=

dungen

dungen nur auf Einen Ton gestimmt sey? Finden Sie nicht, daß es aus dem Zustande der
Ruhe und Gleichgültigkeit in den Zustand eines ganz entschiednen Affects keinen Uebergang giebt? daß, so zu sagen, mehrere Stö-
ße, mehrere auf einander folgende Schwünge,
nöthig sind, um die Seele in eine bestimmte
gleichförmige Bewegung irgend einer Art zu
setzen?. Und wenn nun so oft im Drama die
Empfindungen eben jezt erst zu entstehen anfangen; wenn sie, bey diesem ihrem Entstehen, gemeiniglich noch so unentschieden, so
zweydeutig sind; wenn sich manche derselben
kaum auf Augenblicke verweilt haben, da sie
schon wieder verschwinden, sich umwandeln,
sich mit verschiedenartigen mischen: muß
nicht auch da wieder Alles, was auf jenen Einen Ton, auf jene entschiedne Stimmung und Empfindung der Seele hin-
weist, der Täuschung Abbruch thun und
den Plazwechsel mit den spielenden Personen

er-

erschweren? Oder glauben Sie, daß man wider jene allgemeine Regel der Natur, wie der das Gesez der Stetigkeit, zwar nicht für sich selbst, aber wohl für andre empfinden könne? —

Drittens: Erkennen Sie nicht, bey nur etwas schärferer Beobachtung Ihrer selbst: daß jener ganz entschiedne Ideengang nur da in der Seele Statt findet, wo sie ganz bey dem Einen interessanten Gegenstande mit ihrer Empfindung verweilt und über keinen ganz andren Ideen mit ganz andern Kräften arbeitet? daß die Empfindung nie so ganz des Herzens mächtig werden kann, wenn zugleich der Kopf von Anschlägen voll ist? wenn zugleich die Vernunft über Entwürfen zur Erreichung von Absichten brütet? Nicht bloß wird durch diese Theilung die Kraft der Seele geschwächt: auch die Empfindungen, womit uns der gute oder schlechte Anschein des

Ge

Gelingens, womit uns die Natur so manches
Mittels, die Möglichkeit so mancher Folgen,
das Verhältnis gegen so manche Hülfsperson
einnimmt; auch diese vermindern die Kraft
der Hauptempfindung, verursachen tausenderley Mischungen, führen in tausenderley Aus-
beugungen, die mit jenem ganz entschiednen
Gang und Tact der Ideen nicht zu vereinigen
sind. Und wenn nun in der That die Personen des Drama nur so selten Muße haben,
sich ganz den Eindrücken, die sie erhalten, zu
überlassen; wenn bey ihnen jeder empfangene
Eindruk vielmehr die Thätigkeit weckt, ihren
Kopf mit Entwürfen, ihr Herz, beym Durch-
denken und Ausführen dieser Entwürfe, mit
mancherley Empfindungen füllt: muß nicht
auch da wieder alles, was jener Theilung und
Zerstreuung der Seelenkraft entgegen ist, was
auf freyes müßiges Spiel der Phantasie oder
doch auf einseitige Beschäftigung der Aufmerksamkeit hindeutet, der Täuschung gefährlich
wer-

werden? Und wenn diese Täuschung, dieser
Glaube an Wahrheit und Gegenwart leidet;
muß da nicht nothwendig auch die Rührung
und das Vergnügen leiden? —

Viertens: liegt es nicht in Ihrem innersten Bewußtseyn: daß plözlicher Uebergang
aus einer entschiednen Empfindung in eine andre. oft noch weit falscher, der Natur der
Seele noch weit weniger gemäß ist; als plözlicher Uebergang aus der Ruhe? daß es Ihnen z. B. unmöglich ist, aus heftigem Zorn
sich sogleich in sanfte Liebe oder aus tiefer
Schwermuth in muntre Freude zu versetzen?
daß es Zeit gebraucht, ehe sich ein ganz um-
zogener Himmel wieder bis zu reiner Bläue
erheitert? oder ehe die aufgewühlte schäumen-
de Fluth des Meers sich wieder bis zur Glät-
te des Spiegels ebnet? Wird mithin nicht
nothwendig, bey dem Wechsel der Empfindungen im Drama, Alles was dem Allmähligen

ligen der Natur entgegen ist, aller Sprung,
aller plözliche Uebergang, eben darum weil
es nicht kann nachempfunden werden, die
Täuschung und mit der Täuschung die Wirkung hindern? —

Ich kann mir nicht denken, daß Sie irgend eine dieser Fragen verneinen, irgend eine der hier angeführten Erfahrungen nicht als
wahr und treffend zugeben sollten. Nehmen
Sie jezt aus meinem vorigen Briefe die Bemerkung hinzu, die schon in den ältesten
Zeiten gemacht worden: daß Numerus der
Rede und Stimmung der Seele in dem ge-
nausten Zusammenhange stehn; daß eine gewisse bestimmte Folge von Füßen auf eine gewisse bestimmte Empfindung hinführt und daß
diese Empfindung mit derjenigen, welche eigentlich soll angedeutet und erweckt werden,
nicht in Streit seyn kann, ohne diese leßte-
re zu schwächen und zu verwirren; nehmen
Sie,

Sie, sag ich, diese Bemerkung hinzu, und
die Frage: ob der dramatische Dichter versificiren soll oder nicht? ist entschieden. Versificirt er durchaus; so wird er so oft durch bedeutenden Ton bey unbedeutendem Inhalt beleidigen; er wird an einer von beyden Klip-
pen hangen bleiben: an Reden, die für den
Vers zu gemein, oder an Reden, die für den
Inhalt zu hoch sind; er wird durch zu gleiche
Spannung des Numerus auf zu gleiche Bestimmtheit und Entschiedenheit der Empfindungen hinweisen und sich dadurch ein Großes
an dem einzig schönen, einzig wahren dramatischen Gemälde entstehender, anwachsender,
mannichfaltig sich mischender, abnehmender,
wieder verschwindender Empfindungen verderben. Versificirt er nicht durchaus; so wird
doch immer von der Prose bis zu den Versen
ein Sprung seyn; und fast überall wird das
Sylbenmaaß eine Bestimmtheit des Ideenganges angeben, die jezt die Person noch nicht
haben,

haben, die sie einen Augenblik darauf nicht
mehr behalten kann; eine Bestimmtheit, die
allemal falsch ist, wenn man bey der Empfin=
dung zugleich auch denken, Rüfsichten neh=
men, Entwürfe anlegen, verfolgen, durchsetzen
soll. Mitten im Gewirre der Handlung und
beym Entstehen, Abwandeln, Verschwinden,
sind die Empfindungen der Seele nur Annähe=
rungen; der Numerus, wenn man ihn mit
diesen Empfindungen, wie man unstreitig soll,
in Harmonie stimmen will, muß also gleichfalls
nur in Annäherungen bestehen; diese Annähe=
rungen lassen sich anders nicht herausbringen,
als durch freye mannichfaltige Mischung von
Füßen und Rhythmen; so eine freye mannichfal=
tige Mischung aber ist Prose: und so liegt denn,
was ich Ihnen beweisen wollte, selbst im Ide=
al des Drama die Prose. Die Gründe, die
ich angegeben, sind allgemein; sie gelten gegen
die gleichförmigen bleibenden und gegen die
durch einander gemischten verschiedenartigen

Sylbenmaaße. Gegen jene besonders gilt
noch der im Vorigen ausgeführte Grund einer zur Mannichfaltigkeit der Empfindungen
nicht passenden Einförmigkeit der Füße, so
wie gegen diese besonders der Grund einer zur
Stetigkeit, zur allmähligen Entwickelung, der
Empfindungen nicht passenden Raschheit der
Uebergänge. Jede zu plözliche Abänderung
des einmal angegebenen Tactes ist widrig,
denn sie ist Hemmung und Stöhrung der
Seele; man findet die Erwartungen getäuscht,
mit welcher man der Rede vorauslief; man
versieht sich, verliest sich; man vermißt jene
zwanglose Leichtigkeit, womit man die Ideen
verfolgen mögte. Eben dieses, glaube ich,
lag in der Empfindung Quintilians, da er
sein neulich angeführtes Urtheil schrieb, und
eben hieraus würd ich, wenn daran gelegen
seyn könnte, seine Vertheidigung gegen
Bentley führen.

Was

Was das bildſame Sylbenmaaß betrifft, das nicht nur mehrere Einſchnitte, ſondern auch mehrere Arten von Füßen annimmt; ſo frage ich vor allen Dingen: wie man es ein zurichten denkt? Will man ein ſo wenig cha⸗ rakteriſtiſches, ruhiges, der Proſe ſo nahes, als der ſechsfüßige Jambe iſt, zum Grunde legen und dann dem Dichter verſtatten, die Einſchnitte ganz und gar nach ſeiner Willkühr zu ordnen, die Jamben, mit welcher Art von Füßen er will und wie viel er will, zu miſchen, auch allenfalls ein paar Füße mehr oder weniger nicht zu achten: ſo darf dieſe Freyheit nur bis auf einen gewiſſen Grad gehn, und man kommt auf Verſe, in denen niemand den Vers mehr erkennt; die erſt ein Bentley gewaltſam ver⸗ beſſern muß, um ihn darinn erkennen zu laſſen. Will man ein Sylbenmaaß, das noch immer an eine gewiſſe Zahl und Beſchaffenheit der Füße gebunden iſt; ſo muß ich abermals fra⸗ gen: wie man es zu bearbeiten denkt? So,

L 2   daß

daß man es kaum mehr bemerkt? daß es durch
ganz fremde Einschnitte, durch nicht beobach=
tete Längen und Kürzen, durch gehäuftes Zu=
sammenstoßen von Selbstlautern, durch ganz
ungewohnte Verschlingungen so gut als zerstöhrt
wird? Eine solche Bearbeitung ist, glaube
ich, möglich; aber wie verloren und thöricht
wäre die Mühe, Verse zu machen, die mehr
nicht als die Wirkung der Prose thäten! Will
man ein Sylbenmaaß, das wirklich Sylben=
maaß ist und auch als solches bearbeitet wird;
so wird es allemal seinen herrschenden Ton,
seinen bleibenden Grundcharakter haben: und
nun gebe man Acht, ob nicht die dramatische
Darstellung, die Täuschung dadurch verlieren
werde? Daß dem epischen Dichter so ein Syl=
benmaaß vortheilhaft seyn kann, ist ausser
Streit: auf ihn hat das Ganze der Hand=
lung, das er so völlig übersieht, schon einen
bestimmten bleibenden Eindruk gemacht: seine
Seele befindet sich in einer gewissen allgemei=

nen

nen Stimmung, die sich in den verschiednen
Theilen seiner Rede nur mehr oder minder
äussert, aber sich doch immer erhält: und da
er den Zuhörer in seinen eigenen Gesichtspunct
stellen, ihn alles nach seiner eigenen Art, mit
seinen eignen Empfindungen, will ansehen lassen;
da er Freyheit hat, durch Zusammendrängen
und Ueberhüpfen alles, was für den Vers zu
kalt und zu gleichgültig wäre, zu vermeiden;
da er, selbst wo er dramatisch wird, die Sprache seiner Personen in gewissem Maaße umfor-
men darf: so kann dieser Eine bleibende Grundton des Werks bey ihm sehr zwekmäßig seyn.
Aber wie kann er es bey dem dramatischen
Dichter, da bey diesem die Personen selbst
mit ihrem so verschiednen Charakter und Interesse auftreten? da für diese Personen nur
die Gegenwart helle und die Zukunft, wenn
auch nicht tiefe Nacht, doch nur unsichre
Dämmerung ist? da sie also nie nach dem Eindruk des erst werdenden Ganzen, immer nur

ℓ 3   nach)

nach dem Eindruk einzelner Begebenheiten und
lagen empfinden können? da sie auch gewiß,
eben wegen ihres so verschiedenen Charakters
und Interesse, jede von dem Ganzen sehr
verschieden würden gerührt werden? da sie
ohnehin — — Doch was soll ich Gründe
hier wiederholen, die ich schon im Obigen vor=
trug und die überhaupt gegen alles Sylben=
maaß, also auch gegen das bildsame, gelten?

Nach diesem Allen glaube ich sagen zu
dürfen: daß, bey übriger Gleichheit des Ver=
dienstes, ein versificirtes Drama weniger Ge=
dicht ist, als ein prosaisches: denn wenn, nach
der besten Erklärung, das Wesen eines Ge=
dichts in der sinnlichen Vollkommenheit der
Rede besteht; so gehört doch wohl unstreitig
zu dieser Vollkommenheit: daß alles aufs ge=
nauste zusammenstimme? daß mithin auch
der Numerus dem Inhalt der Worte und
dieser Inhalt der jedesmaligen Fassung der
Seele

Seele höchstgemäß sey? — Ich glaube noch
weiter gehen und behaupten zu dürfen: daß
ein Drama in Prose schreiben, Erschwerung;
es in Versen schreiben, Erleichtrung der Arbeit sey. Wer sich an diese Gattung gewagt
hat, der kennt das unendlich Schwere der For-
derung: eine ganze ununterbrochene Folge
von Empfindungen durch die Rede so zu schil-
dern, daß jede ihren wahren Grad der Stärke, ihre gehörige Dauer, ihre richtige Nüance erhalte, und nirgends etwas Grundloses,
nirgends eine Lücke, ein Sprung sey. Nun
aber schlüpft mit dem Unnatürlichen des Verses so manches andre Unnatürliche durch;
der Mangel gewisser Schattirungen, gewisser feiner Verschmelzungen und Vorbereitun-
gen verbirgt sich; die Sprache wird unmerklich veredelt, und jene außerordentliche
Schwierigkeit, immer die wahrsten, angemes-
sensten, weder zu hohen noch zu gemeinen,
weder zu starken noch zu schwachen, Ausdrü-

cke

cke zu finden, wird eben damit vermindert. Auch zerrüttet man in dem Verse weniger auffallend die Ordnung, in welcher die Gedanken am wahrsten aus und auf einander entstehen, sich durchkreuzen, abgerissen werden, zurükkommen; eine Ordnung, die immer nur von dem wahrhaft begeisterten Genie gefunden und nur von einem sehr feinen Gefühl vermißt wird. — —

Ich bin nicht so ungerecht gegen Ihren Scharfsinn, daß ich von diesem Räsonnement über den Numerus eine weitläuftige Anwendung auf das Gebehrdenspiel machen sollte. Sie erinnern sich ohne Zweifel der Parallele, in welche ich die sämmtlichen musikalischen Künste stellte; und so werden Sie selbst die allgemeine Gültigkeit der von mir angewandten Grundsätze einsehen; werden erkennen, daß durch diese Grundsätze, zugleich mit dem Numerus, auch Spiel und Declamation so
gut

gut beſtimmt werden, als Dinge dieſer Art ſich beſtimmen laſſen. Genau läßt ſich hier freylich die Grenze nicht angeben; man kann weiter nichts, als vor den ſchon merklichern Ausſchweifungen warnen und das Genie zum Suchen des jedesmaligen Beſten und Wahr= ſten veranlaſſen. Wo, wie hier, ein ſo unend= lich mannichfaltiges Mehr und Weniger Statt findet, da ſind natürlicher Weiſe alle Verſu= che zu völlig beſtimmten Vorſchriften vergeblich).

Acht

Acht und dreyſſigſter Brief.

Iſt es ironiſches oder iſt es ernſtliches Lob, daß Sie die Gründe, die ich dem verſificirten Drama entgegengeſezt, für ſo fein erklären? Wenn Sie mir nur die Wahrheit dieſer Gründe nicht läugnen; ſo mag immer Feinheit ſo viel als Schwäche heiſſen: ich erinnere Sie, daß der Numerus zur ganzen Wirkung des Drama nur ein einzelner Beytrag iſt; daß ſo ein Beytrag ſchwach ſcheinen kann, ohne deßwegen unwirkſam zu ſeyn; daß ſelbſt die feſteſte Schnur nur ein Gewebe von Faſern iſt, die die Hand eines Kindes zerpflükt, daß aber eben dieſe Faſern, in Eins verfloch= ten, einen Herkules feſſeln. Wohl unter= ſucht, ſind alle unſre mächtigſten Empfindun= gen, alle unſre lebhafteſten Vergnügungen, nichts als Reſultate von Kleinigkeiten, deren

jede

jede an sich ohne Werth und Bedeutung
scheint, aber darum nicht ist. —— —

Daß mein Räsonnement wider die Verse Ihnen für die Oper so bange macht; das
erklärt mir, was ich bisher nicht begriff: Ihre so eifrige, fast mögt ich sagen, leidenschaftliche Vertheidigung des pantomimischen
Schauspiels. Die Tonkunst ist für Sie die
erste der Künste, und Sie erklären geradezu
Ihre Verachtung gegen eine Kritik, die durch
kalte Grübeleyen eine so entzückende Kunst von
der Bühne verbannen und Ihnen eine Haupt-
quelle Ihres Vergnügens verstopfen wollte.
Das wäre nun freylich von der Kritik sehr
lieblos; aber ist es denn auch von Ihnen
liebreich, ihr so etwas zuzutrauen? ihr, die
doch schon gegen die Pantomime so nachsich-
tig war, und von deren Gewandtheit und
Gefälligkeit Sie hätten hoffen dürfen, daß
sie, auch für die Oper, irgend eine kleine Di-
stinc-

-ſtinction zur Hand haben würde? — Es iſt
wahr: wenn im Drama ſchon die ruhigern
Sylbenmaaße und die redneriſche Declamati=
on verwerflich ſeyn ſollen; ſo ſcheint es, daß
die ſo charakteriſtiſchen lyriſchen Sylbenmaaße
und die höchſtvollendete Declamation, der
Geſang, es noch weit mehr ſeyn müſſen.
Aber dieſer Geſang, der eben auch jene Syl=
benmaaße nothwendig macht, hat ſo unend=
lich viel Süßes; er feſſelt und bezaubert durch
den wohllüſtigſten der feinern Sinne die Seele
ſo ſehr, verſenkt ſie ſo tief in den Genuß des
Gegenwärtigen, daß man die Mißhelligkeit
zwiſchen dem Ausdrucke und der auszudru=
ckenden Seelenfaſſung, die Verwechslung des
lyriſchen Affects mit dem dramatiſchen, ent=
weder nicht mehr bemerkt oder ſie doch
nicht achtet. Die Wahrheit der Darſtellung
wird freylich geſchwächt, und inſofern auch
die Wirkung; allein was auf dieſer Seite ver=
loren geht, wird auf der andren gewonnen;

was

was an Wahrheit mangelt, wird durch
Schönheit vergütet. Selbst das Abgeschmakte des Plans, das Uebelzusammen-
hangende der Begebenheiten, das ganz Verfehlte mancher Empfindungen verbirgt sich;
man wird das Grobe und Ungleiche des Fa-
dens über den Perlen nicht inne, die der Tonkünstler an ihm aufgereiht hat. Mit einer
so großen, so mächtigen Wirkung ist die, welche das bloße Sylbenmaaß hervorbringt,
durchaus nicht in Vergleichung zu setzen.
Die vornehmste Kraft, wodurch es wirkt,
ist seine Harmonie mit der Fassung der Seele;
wo diese, wie im Drama, fehlt, da bleibt
nur das sinnliche Vergnügen übrig, welches
regelmäßiger Fall und Klang dem Gehöre
geben; und dieses Vergnügen ist viel zu matt,
viel zu kalt, als daß es Wahrnehmung und
Empfindung der mindesten Abweichung von
der Wahrheit hindern oder sie wieder gut
machen könnte. — Sie werden sagen, daß
es

es gleichwohl verſiſicirte Stücke giebt, die eine nicht gemeine Rührung bewirken, und ich
räume das ein; allein ich frage: was iſt der
Grund dieſer Rührung? Iſt es, wie in der
Oper, das Falſche ſelbſt, das an die Stelle des
Wahren trat? Oder iſt es nicht vielmehr das,
was dieſes Falſche an der übrigen Wahrheit
und Güte des Werks nicht hat verderben können? — Nehmen Sie der Oper ihr Falſches,
und Sie haben ihre Wirkung vermindert;
nehmen Sie es dem geſprochenen Drama, und
Sie haben ſeine Wirkung erhöht. Das
Ideal von beyden iſt zu verſchieden, um von
einem auf das andre ſicher ſchließen zu können. —

Sie waren unzufrieden mit meinem etwas
kühnen Urtheil über das Drama der Griechen,
und ſuchten die Verſification deſſelben auch aus
dem Grunde zu rechtfertigen, weil dieſes
Drama eine Art von Oper und ſeine Decla-
ma-

mation eine Art von Gesang gewesen. Ich
hätte freylich dieses Umstandes erwähnen sol=
len, und ich würde mich dann — ob eben
richtiger? steht dahin, aber doch sanfter und
behutsamer gefaßt; ich würde den Griechen
nicht das wahre volle Ideal eines Drama,
nur das Ideal eines reinen, mit keiner
fremden Kunst verbundnen, bloß durch sich
selbst wirkenden Drama abgesprochen haben.
Damit wäre denn immer der Satz, auf den
es mir einzig ankam, bestanden: das Bey=
spiel der Griechen hätte für uns nicht Gesetz
seyn können; denn vielleicht war die Versi=
fication nur in ihrem besondern Ideal gegrün=
det, nur der mitverbundenen Kunst we=
gen nothwendig, und ward in dem Au=
genblicke, da man diese absonderte, nicht
bloß überflüßig, sondern selbst schädlich.
— Machen Sie mit dieser sanftern, bes=
sern Wendung, was Ihnen gut dünkt;
nur sprechen Sie mich völlig von den
Ver=

Verdachte frey), als ob ich die Griechen hätte herabwürdigen wollen. —

Gegen die Allgemeinheit der Regel von der Mäßigung der Action machen Sie zwey Erinnerungen, wovon ich die erste sogleich als völlig richtig erkenne. Der Schauspie-ler muß sich allerdings nach dem Dichter be-quemen; und wenn einmal das Stück versi-ficirt ist — ich mögte denn doch bestimmter sagen: wenn es in einem zu charakteristischen Sylbenmaaße versificirt, wenn mit dem Nu-merus zugleich der ganze Ton der Sprache überspannt ist — so muß freylich auch das Spiel, eben wie die Declamation, über die Wahrheit hinausgehn. Das Nehmliche sag-te uns Diderot mit der Anmerkung: daß man auf der Bühne entweder alles übertrei-ben müsse oder nichts; das Nehmliche hatte auch ich im Sinne, da ich die tragischen Schauspieler der Franzosen durch ihre Dich-

ter

ter rechtfertigte und einen Ekhoff wegen seiner zu großen Natur in gewissen stroßenden
Charakteren tadelte. *) Ein Widerspruch entsteht zwar immer durch eine solche Spannung
der Action; aber er fällt doch weniger in die
Sinne, ist einfacher, und ist aus beyden Ursachen unmerklicher, wenn wenigstens die ganze äussre Bezeichnung der Empfindungen zu-
sammenstimmt, als wenn auch die Mittel zu
dieser Bezeichnung, Worte, Rhythmus, Spiel,
Declamation, eben so unter einander selbst im
Streit sind, wie ein Theil derselben mit der
Fassung der Seele. — Sie erkennen hieraus,
daß der Gedanke gar nicht unglüklich war, lieber gegen die Versification, mit der so gern
auch die übrigen Fehler verbunden sind und
zum Theil verbunden seyn müssen, als so gera-
dehin gegen ein gespanntes übertriebenes Spiel
zu streiten. Ich habe das Uebel angegriffen,

wo

*) S. oben den 7ten Brief.

Mimik 2. Theil.   M

wo man es angreifen soll: an der Wurzel,
und ich würde gefehlt haben, wenn ich meine
Ermahnung nur schlechtweg an den Schauspieler hätte richten wollen, ohne sie zugleich
und vorzüglich an den Dichter zu richten.

Ihre zweyte Erinnerung beruht, wie ich
glaube, auf einem Mißverstande. Die Beob-
achtung, daß bey gewissen Völkern eben das
Natur ist, was bey uns Ueberspannung und
Affectation wäre, trifft entweder nicht zum
Ziele, oder wenn sie treffen soll, ist sie falsch.
Giebt es denn, frag ich, bey jenen lebhaftern
Völkern, die Sie im Sinne haben mögen,
keinen Unterschied zwischen Tanz, Rednerge-
sticulation und Spiel des Umgangs? keinen
Unterschied zwischen Gesang, feyerlicher Declamation und Ton des Lebens? keinen zwischen
Vers, erhöhtem Rhythmus und leichtem ge-
wöhnlichen Numerus des Gesprächs? — denn
alle diese Dinge, wie wir gesehen, stehen in
                                        wech-

wechselseitiger Beziehung und Verbindung.
Wenn es überall, und besonders bey feinern,
policirtern Völkern, jene Unterschiede giebt und
geben muß; so folgt aus Ihrer Bemerkung
keinesweges, daß nicht immer das wahre
dramatische Spiel sich innerhalb gewisser Grenzen zu halten habe: es folgt nur, daß diese Grenzen nicht für jedes Volk dieselbigen sind; daß bey
dem einen alles feuriger, kräftiger, erhöhter, bey
dem andern alles kälter, schwächer, herabge-
stimmter ist. Und das führt denn zu einer Bemerkung, die schon öfter gemacht worden und
die, ausser dem angeführten, auch noch ganz andre Gründe hat: daß nehmlich der ganze Werth
eines Schauspielers nur von denjenigen kann
gefühlt und beurtheilt werden, unter denen
und nach denen er sich gebildet hat, und daß
er in seinem vollen Glanze nur auf vaterlän-
dischen, nicht auf fremden Bühnen erscheinen
kann. — Ich nehme, wie Sie sehen, ihre Erinnerung von dem wahren natürlichen Feuer

gewiß-

gewiſſer Völker, nicht von dem falſchen erkünſtelten, das vielleicht in dieſem und jenem Pùblicum Ton geworden. Was, aller Wahrſcheinlichkeit nach, eben von der Bühne als Mißnatur ausging, das werden Sie doch nun nicht als wahre Natur der Bühne vorſchreiben wollen? —

Ich ſchließe dieſe Reihe einzelner Erinnerungen mit noch Einer, die zwar Sie nicht veranlaßt haben, die aber hoffentlich Ihnen nicht mißfallen wird. Man hat gefragt: ob der geiſtliche Redner ſich nach dem Schauſpieler bilden, ob er Ton und Bewegung deſſelben nachahmen dürfe? und man hat über dieſe Frage noch neuerlich hin und her geſtritten. Ich antworte darauf ja und nein, wie man will. Nein, inſoferne Gedanken und Charakter in den meiſten Rollen mit Gedanken und Charakter des geiſtlichen Redners durchaus nicht zuſammenſtimmen; und abermals nein,

in⸗

insoferne die beyden Gattungen, Drama und
Rede, viel zu verschieden sind, als daß nicht
auch die Action ganz verschieden seyn müßte.
Die Personen des Drama tragen Gedanken
vor, die eben jezt erst entstehen; der Volks-
lehrer Gedanken, die er vorhin schon durchdacht hat: jene sind in wirklicher äuffrer Unruhe und schwanken zwischen Ideen und Empfindungen hin und her; dieser ist in äuffrer Ruhe
und hat mit seinem Einen Gegenstande auch
nur Eine bleibende Hauptempfindung, die er
nach Wohlgefallen ausbilden kann. In Hamlets Monolog über den Selbstmord ist der
Gegenstand äufferstwichtig; die Stimmung
der Seele ist ernst; Ton und Gebehrdenspiel
haben Feyerlichkeit und Würde: und warum
würde denn gleichwohl dieser Ton, dieses Gebehrdenspiel sich nicht für den Lehrstuhl schi-
cken? Darum nicht: weil Hamlet ganz in
sich selbst versenkt ist, eben jezt erst nachgrü-
belt, von Idee auf Idee, von Zweifel auf

Zwei-

Zweifel geräth, und weil diese Situation nie
die eines öffentlichen Lehrers seyn kann. —
Allein ich antworte auch ja, insoferne nehmlich im Schauspiel sich Stellen finden können,
die vorher schon von den Personen durchdacht
wurden, die ohne Stöhrung und Unterbre-
chung in ihrem Zusammenhange vorgetragen
werden, die also im Grunde eben so gut sind,
als Rede; und abermals ja, insoferne diese
Stellen voller Würde, die Charaktere der Personen ernsthaft, edel, selbst erhaben seyn können. Die Ermahnungen, die der Hausvater
des Diderot im zweyten Acte seiner Tochter
und seinem Sohne giebt, sind solche vorher
durchdachte, zusammenhangende Reden; sie
haben zwar viel und innige Empfindung; aber
wer wird auch Ton der Empfindung von
den Lehrstühlen verbannen und den geistlichen
Redner zum bloßen kalten Moralisten umschaf-
fen wollen? Genug, daß die Empfindung,
die in jenen Reden herrscht, von der edelsten

Art,

Art, und daß es ein weiser zärtlicher Vater ist, der diese Empfindung ausdrukt; ein Charakter, der mir unter allen, die ich kenne, der allerehrwürdigste scheint. Was kann also hier den geistlichen Redner hindern, das Theater zu seiner Schule, einen vortreflichen Schauspieler zum Gegenstande seines Studiums zu machen? Und wenn doch nur Viele einen Aufresne oder einen Ekhoff gesehen hätten! wenn doch nur Viele fähig wären, das, was sie von einem solchen Manne sähen, zu faßen und nachzubilden! Ein bloßes unbedeutendes Händespiel bey Ton der Empfindung verlangen, heißt von dem Redner verlangen, daß er seinen Ton durch seine Bewegungen lügen strafe: ausdrucken sollen seine Bewegungen immer, nur sollen sie gemäßigt, gesezt seyn; und das waren in dem angegebenen und andren ähnlichen Fällen auch die eines Aufresne und eines Ekhoffs.

M 4   Neun

Neun und dreyſſigſter Brief.

Die Regel von der Leichtigkeit des Spiels,
oder wenn Sie lieber wollen, die Warnung
vor Uebertreibung und Spannung, die ich bisher, vielleicht nur zu weitläuftig, vorgetragen,
hatte ihren Grund in dem Eigenthümlichen
der dramatiſchen Gattung, die uns alles als
werdend zeigt und eben daher keine entſchiedne
bleibende Stimmung der Seele, kein Verweilen bey einerley Empfindung, kein müſſi-
ges Ausbilden der Gedanken und Leidenſchaften
zuläßt. Hoffentlich werden Sie mich entſchul-
digen, wenn ich meine Vorſchriften nicht auch
auf die Unterarten dieſer Gattung ausdehne,
nicht auch davon rede, wie Trauerſpiel, Luſt-
ſpiel, Poſſenſpiel müſſen vorgeſtellt werden.
Da ich bis izt mich immer an das Allgemeinere hielt, ſo darf ich dieſe ſchon ſpeciellere Un-
ter-

terſuchung als außer meinem Plane, liegend an-
ſehn; auch hätt ich den Unterſchied des Komiſchen und Ernſthaften ſchon bey Betrachtung
der einzelnen Ausdrücke mitnehmen, nicht bis
zur Betrachtung ihrer Verbindung auffſparen
müſſen. Daß ich dieſe Materie gleich vom
Anfange vermied; davon iſt die wahre Urſache die: weil ich bey einigem Nachdenken inne
ward, daß ich darüber nichts Neues, nichts
Eignes, wenigſtens nichts, das der Rede werth
wäre, würde vorbringen können. —

Wenn man, ſagte ich, nicht überhaupt
auf die Gattung, zu welcher ein Kunſtwerk gehört, ſondern auf ſeine beſondre Beſchaffenheit
ſieht; ſo kann man den Zuſammenhang ſeiner
ſämmtlichen oder die Verbindung gewiſſer
einzelner Theile betrachten. Jene Betrachtung iſt wieder zwiefach; denn das Ganze,
worüber man unterrichtet ſeyn will, iſt
entweder das Stük oder die Rolle. Dieſes

M 5   giebt

giebt die zwey Fragen: Was ist in Ansehung des Verhältnisses der einzelnen Rolle zur ganzen Anzahl der übrigen, und was in Ansehung des Verhältnisses einzelner Scenen zur ganzen Rolle zu beobachten? Sie merken wohl, daß ich abermals die Betrachtung nur auf das Theater einschränke und auf kein anderes mimisches Kunstwerk Rüksicht nehme, als auf das Drama.

Auf die erstere der obigen Fragen antworte ich: daß der Schauspieler seine einzelne Rolle in die Verbindung aller hineinstudiren, die vom Dichter abgezielte Wirkung sowohl des ganzen Stüks, als der einzelnen Situationen fassen, und hieraus die wahre Haltung für seinen einzelnen Charakter finden, es sich bestimmen muß, welchen Grad des Ausdruks er sich erlauben, wie weit er sich unter die Hauptpersonen hervorwagen dürfe. Ohne diesen sorgfältigen Rükblik aufs Ganze, ohne diese

se

se richtige Schätzung des Antheils, den die einzelne Rolle an dem Totaleindrucke hat, ohne diese freywillige bescheidne Unterordnung, wird die Wirkung, wo nicht ganz vernichtet, doch wenigstens gestört und gehindert. Dieser Erfolg ist schon da sichtbar, wo durch das Spiel der verschiednen Personen keine eigentliche Disharmonie der Empfindungen entstehen, nur der Ausdruk derjenigen geschwächt werden kann, auf die jezt unsre Aufmerksamkeit vorzüglich geheftet seyn sollte. So z. B. kann Horatio, wo er mit Hamlet zugleich das Gespenst erblikt, durch einen zu lebhaften heftigen Ausdruk unser Auge zwischen sich und dem Prinzen theilen, vielleicht auch ganz von diesem zurükziehn: selbst schon vorher, bey der ersten Erscheinung des Gespenstes, kann er den Ausdruk so sehr verstärken, daß er den Prinzen in die Nothwendigkeit sezt, entweder bloß das nehmliche Spiel zu wiederholen oder es auch unnatürlich zu übertreiben. Aber noch

weit

weit sichtbarer ist jener Erfolg, wo ernsthafte
mit komischen Charakteren vermengt, muntre
und rührende Scenen durcheinander geworfen
sind. Auch wenn der Dichter sich noch so
sorgfältig vor einer widrigen Mischung dieser
Scenen gehütet, den immer unangenehmen
Sprung vom edlen Ernsthaften aufs niedrige
Possenhafte noch so geschickt vermieden hat, so
kann doch der Schauspieler durch unzeitig an-
gebrachte Lazzi ihm alles zu Grunde richten.
Eben jezt z. B. geschieht eine rührende Erken-
nung; wir sind zur sanftesten, zärtlichsten,
wohllüstigsten Empfindung gestimmt: plözlich
hat eine der komischen Nebenpersonen den un-
glücklichen Einfall, uns durch eine lächerliche,
zwar dem Charakter aber nicht der Scene an-
passende, Grimasse zu zerstreuen: und sogleich
sind Zärtlichkeit und Rührung bey allen Zuschauern dahin; bey dem gleichgültigern, weil
er lacht, und bey dem empfindlichern, weil er
sich ärgert. — Wird dieser Fehler in dem
Stü-

Stücke zu oft begangen, oder werden überhaupt die komischen Charaktere mit zu viel,
die ernsthaften mit zu wenig Feuer gespielt;
so wird die ganze Wirkung, auf die das Stück
berechnet war und die allein es vollkommen
hervorbringen konnte, vernichtet. Der Dichter hatte das Komische nur hineingeflochten,
um dann und wann die Seele zu ermuntern,
um rührende Scenen, die er folgen ließ, durch
einen sanften Conträst mehr hervorzuheben;
und so als leichte Nüancirung thaten die muntern Züge vielleicht die glücklichste Wirkung:
aber alles wird Wust und Unsinn, wenn die
komischen Charaktere sichs in den Kopf setzen,
hervorzuglänzen, wenn die Nebenfiguren sich
aus dem halberleuchteten Hintergrunde unter
die Hauptfiguren in den Vorgrund drängen,
ja wohl gar diese Hauptfiguren in den Hinter-
grund, in den Schatten zurücktreiben. Man
sieht dann und weiß nicht mehr, was man
sieht; man hat nur noch Malerey, aber kein

Ge-

Gemälde mehr vor sich; man erblickt einen
wilden unordentlichen Haufen von Menschen,
der sich zu keinen Gruppen verbindet; kurz,
man vermißt das wesentlichste Erfordernis
jedes Kunstwerks: Absicht, Einheit, Zusammensetzung.

Was den widrigen Eindruk dieser verfehl-
ten Haltung des Ganzen noch widriger macht,
ist die Hinzukunft eines andern Fehlers: wenn
nehmlich der Schauspieler, um hervorzuglänzen, seinen Charakter nicht bloß übertreibt,
sondern verfälscht. Auf den verschiednen
Bühnen, auf welchen ich bisher den Hausvater
des Diderot habe vorstellen sehen, ist dieses
noch immer mehr oder minder der Fall mit
dem Commthur d'Aulnoi gewesen. Die
Schauspieler schienen sichs zum Gesetz gemacht
zu haben, diesen Charakter schlechterdings auf
den Kopf zu stellen: und wenn Diderot einer
solchen Vorstellung hätte beywohnen sollen;

er

er hätte, bey seiner Unkunde des Deutschen,
nothwendig glauben müssen, daß man ihm seinen ganzen Commthur herausgeworfen und,
zur Belustigung eines geschmackvollen Parterre, eine Art von Possenreisser hineingebracht
hätte. Gleich mit dem Anzuge fing man die
Umbildung an; statt des simplen Kleides mit
einer glatten Dresse, das Diderot diesem
Charakter allenfalls verstatten will, *) war
gleich der erste Schauspieler, den ich in dieser
Rolle sah, auf eine lächerliche Art so über und
über mit Golde beklebt, daß man kaum hie
und da die Scharlachfarbe des Sammts er-
kannte. Der Mann hatte das volle Ansehen
eines Bouffon, und was noch ärger war, auch
das Spiel eines Bouffon. Aus dem schleichen-
den, hämischen, neckenden, schadenfrohen,
über seine Tücke sich innerlich kitzelnden, nur
dann

*) S. Theater Th. 2. S. 313 der neuen deutsch.
Ausg.

dann und wann augenblicklich aufbrausenden
Manne, der die ganze üble Laune eines Müß-
siggängers und eines Hagestolzen in sich vereinigt, ward ein herumtobender Poltrer, ein
pöbelhafter Gesichterschneider, ein lauter gri-
massirender Lacher; kurz, ein Mann, von
dem es unbegreiflich war, wie er in so eine
Familie, nur in so eine Gesellschaft kam, oder
wie ihm irgend jemand mit Achtung begegnen
konnte. Durch diese unglückliche Umschaffung
verlor nicht allein der Charakter selbst; auch
alle die Situationen verloren, in denen er vor-
kam; und da die in andern Scenen kaum erreg-
ten Empfindungen nicht gehörig unterhalten
und fortgepflanzt wurden, so verlor natürlicher Weise das ganze Stük. Nur der Verdruß über den bittern, die Furcht vor dem
heimtückischen, die Verachtung gegen den ein-
geschränkten, der Zorn über den triumphiren-
den Mann — Empfindungen, die auch da
noch fortdauren müßten, wo wir uns des

Lä-

Lächelns oder selbst des Lachens nicht erwehren könnten — nur diese und ähnliche Empfindungen passen in die Harmonie aller übrigen, dienen sie zu heben, zu verstärken, zu unterstützen; lautes Auflachen über Possen muß sie nothwendig sehr unangenehm unterbrechen oder auch gänzlich zerstören.

Ich weiß wohl, daß zu diesem Hineindenken einer Rolle in die Verbindung mit den übrigen, zu diesem Gefühle der höchsten Wirkung des Ganzen, wodurch die Haltung der Theile bestimmt werden muß, zu dieser Erklärung jedes einzelnen Charakters aus der Gesellschaft aller, ein gewisser durchdringender tieferer Blick gehört, den die Natur nicht jedem, auch sonst Talentvollen, Künstler verliehen hat, ja der vielleicht diejenige ihrer Gaben ist, womit sie am sparsamsten haushält. Aber eben das müßte, meines Bedünkens, das Hauptgeschäft jedes Vorstehers einer Bühne

Mimik 2. Theil.   N   seyn,

seyn, daß er den weniger einsichtsvollen
Schauspieler leitete, ihn aus der Idee des
Ganzen belehrte, ihm seine wahre Stelle in
jeder Gruppe anwiese, ihn, wo er ausschwei-
fen wollte, in Schranken hielte. — Doch
freylich sind das nur Träume, so lange noch
auf unsern meisten Bühnen entweder volle
Anarchie oder ein unwissender Dictator herrscht,
der weiter von keinem Berufe weiß, als für
alle zu gewinnen, und nachdem es gut oder
übel geht, die Gläubiger sich gedulden oder
nicht gedulden, entweder für alle zu verzehren
oder sich für alle einsperren zu lassen: Es sind
Träume, so lange auch der einsichtsvollste Di-
recteur immer nur für Abwechselung, für Neu-
igkeiten sorgen, und wenn sichs bey der Probe
des Stüks ergiebt, daß jeder seine Rolle nur
einigermassen gelernt hat, geschwinde zur Aufführung schreiten muß, freylich nicht um Beyfall, aber um Brod zu haben: Es sind Träume, so lange der Schauspieler, der sich nur
                                        eini-

einigermaßen fühlt, sich stolz der Belehrung
entzieht und sich einer Unterordnung schämt,
ohne die doch unmöglich eine Menge zusam-
menarbeitender Künstler etwas nur Mittel-
mäßiges, geschweige denn etwas Vortrefliches,
leisten kann; so lange jeder nur für sich glän-
zen, nur für seine Person beklatscht seyn will,
mehr sich auf sein natürliches rohes Talent,
als auf seine Ausbildung, seine Beurtheilung,
zu Gute thut, und wenn nur die Menge Beyfall giebt, auf das Achselzucken des feinern
Kenners nicht Acht hat. —

So wie die einzelne Rolle in das Ganze
des Stüks, eben so muß man die einzelnen
Scenen in das Ganze der Rolle hineindenken.
Auch hier wird die Vergleichung der Theile
dem Schauspieler so manches Licht, so man-
chen Aufschluß geben, wird ihn über den wahren Sinn so mancher Stelle und eben dadurch
über den wahren Ton, womit sie zu sagen,

über

über die wahre Nüance, womit sie zu spielen
ist, unterrichten. Der wichtigste Vortheil
wird aber auch hier wieder seyn, daß der
Schauspieler sein Feuer gehörig vertheilen,
hier es mäßigen, dort es verstärken und so
die wahre Haltung des Charakters herausbringen lerne. Eine Rede kann schon sehr
lebhaft, sehr voll Affect seyn; aber in der
und jener Scene folgt eine noch lebhaftere,
noch affectvollere: und wenn nun da der
Schauspieler auf jene allein sieht, sich von
seinem Feuer hinreißen läßt und sie mit aller
ihm möglichen Stärke vorträgt; woher will
er die noch größere Stärke für die folgende
Scene nehmen? Er wird entweder die Gradation gänzlich verfehlen, oder alle Gesetze der
Schönheit, alle Regeln des Anstands verle-
tzen müssen. Beaumarchais hat schon vor
der fürchterlichen Scene des vierten Acts, wo
sich ihm Clavigos ganze Verrätherey ent-
hüllt, zu sehr heftigen Ausbrüchen Gelegenheit;

heit; besonders in der gleich vorhergehenden
Scene, wo er am Busen Mariens, die er
in seinen Armen hält, feyerlich zu Gott und
allen Heiligen schwört, daß er sie an ihrem
Verräther rächen wolle. Er sage diese Stelle
zu wild, mit zu heftigem Feuer; und er wird
Mühe haben, die nachfolgenden so viel stär=
kern, so viel erschütterndern Stellen gehörig
gegen sie abzusetzen. Er wird Gefahr laufen,
wenn er die ganze Erhöhung des Affectes aus=
brucken will, eben so Cannibalisch, und also
für den feinern gesittetern Zuhörer eben so an=
stößig, zu spielen, als er in der einen seiner
Reden Cannibalisch und anstößig spricht. —
Doch muß auch die Furcht, sein Feuer zum
voraus zu verschwenden, nicht allzuweit gehn;
der Schauspieler muß nicht in allen übrigen
Scenen matt bleiben, um die Hauptscene mit
desto größerm Nachdruk herauszuheben. Ein
solches zu weit getriebnes, zu geiziges Auf=
sparen des Feuers ist in der That Maxime

N 3 　　　　　gewiß=

gewisser Schauspieler, und ich selbst habe ein=
mal die Rolle des Beaumarchais gar sehr
verlieren sehen, weil sich der Schauspieler zu
ängstlich auf die Hauptscene nach erhaltenem
Briefe schonte. Selbst die obenerwähnte so
Empfindungsvolle Stelle an Mariens Bu=
sen ward mit einer Kälte des Tons, mit einer
Gleichgültigkeit der Mine gesprochen, nach wel=
cher man die gleichfolgende ausserordentliche
Hitze des Spiels nimmermehr hätte erwarten
sollen. Freylich war nun der Schlag um so
heftiger und gewaltsamer, aber er betäubte
mehr, als er schmerzte; und ein paar vorberei=
tende immer stärkere Schläge würden sicher grö=
ßere Wirkung gethan haben, als dieser Eine.

Vielleicht, mein Freund, giebt es der prac=
tischen Bemerkungen noch viele, die eben
hier ihren Platz finden würden; allein nach
unserm einmal gemachten Vertrage müssen
Sie schon zufrieden seyn, wenn ich nicht alle

Fä=

Fächer, die ich Ihnen baue, auch fülle. In
der That fällt mir auch jezt keine Bemerkung
bey, die entweder allgemein genug wäre, daß
sie zu meinem Plane gehörte, oder wichtig ge=
nug, daß ich sie hinxinziehen mögte. Indeſ=
sen wird auch schon das Wenige, was ich ge=
sagt habe, hinreichen, Sie über die Gültig=
keit derjenigen Probe urtheilen zu laſſen, die
man uns als einzig für die Güte eines Stücks
entscheidend angiebt, und die doch so äußerſt
zweifelhaft iſt. Diese Probe soll nicht die
Lesung, sondern die wirkliche Aufführung seyn.
Allerdings die sicherſte, die entscheidendſte Pro=
be, wenn wir nur erſt Bühnen hätten, auf
welchen es für jede Art von Charakteren Per=
sonen von vollkommnem Talent und vollkomm=
ner Beurtheilung gäbe; Bühnen, wo weder
Unwiſſenheit, noch Sorglosigkeit, noch Par=
theylichkeit die Rollen unrecht vertheilten, und
jeder das, was er mit der sorgfältigſten Auf=
merksamkeit durchdacht, mit der gewiſſenhaf=

N 4   teſten

teſten Treue gelernt hätte, in ſeinem beſten,
glücklichſten Augenblick ſpielte. Aber wenn
es Bühnen dieſer Art nirgends als in Utopien,
wenigſtens ſicher noch nicht bey uns giebt;
wenn dem einen Schauſpieler alles Talent
fehlt, der andre an ſeinem unrechten Plätze
ſteht, wieder der andere nicht genug Gedächtnis oder nicht genug Beurtheilung hat; wenn
bald Einer, bald Mehrere, bald Alle die Harmonie des Schauſpiels zerreißen, die abgezielte
Wirkung des Ganzen verdrehen, vernichten;
wenn, nach einer ſo häufigen Erfahrung, ein
und daſſelbe Stük auf zwey verſchiednen Bühnen ſich durchaus nicht mehr ähnlich ſieht, oder
von eben den Zuſchauern, die es vor zehn Jahren nicht ausſpielen ließen, jezt mit lautem
Beyfall bis in den Himmel erhoben wird;
werd ich da Unrecht haben, wenn ich die Probe des Leſens der Probe der Aufführung ohne
Bedenken vorziehe? Nur müß freylich der
Leſer, deſſen Urtheil entſcheiden ſoll, ein

Mann

Mann von eben so lebhafter Phantasie als
feinem Gefühl seyn; ein Mann, der im=
mer im Geist auf der Bühne ist, die Per=
sonen sich nicht bloß denkt, sondern sie vor
sich sieht und gleichsam in ihrem Namen
jede Rolle so spielt, wie sie nach der Idee
ihrer Vollkommenheit gespielt werden müß=
te. Es ist eine Bemerkung, die schon sonst
gemacht worden: daß manches Stück nur
darum sowohl sich ausnimmt, weil seine Mit=
telmäßigkeit sich so ganz zur Mittelmäßigkeit
der Schauspieler paßt, manches nur darum
zu Grunde geht, weil Garriks oder Ekho=
fe erfodert würden, um es ganz zu verstehn
und zu fühlen.*) Wär es aber nicht äuf=
serst ungerecht, wegen der Eingeschränktheit
der Schauspieler, den vortreflichen Dichter
hinter den mittelmäßigen zurückfetzen zu

N 5 wol=

---

*) Noch andre Gründe giebt davon Lessing an.
Hamb. Dramat. Th. 1. S. 104.

wollen? Wär es nicht eben so ungerecht, als die göttlichste Composition eines Bach zu verwerfen, weil ein Stümper uns die Ohren damit zerreißt, und ihr irgend ein Alltagsstück vorzuziehen, weil das auch der mittelmäßigste Spieler herausbringt?

Vier=

Vierzigster Brief.

So gar leicht, als die Beantwortung der vorigen Fragen, wird uns wohl die Beantwortung der lezten nicht werden: derjenigen, meyn ich, die sich auf den Zusammenhang der kleinern Theile einer Rolle, der einzelnen Reden, beziehet.

Die erste sich hier darbietende Bemerkung ist: daß man in Stellen, welche Malerey erlauben, auf die Hauptzüge merken, nur diese durch das Gebehrdenspiel darstellen, oder vielmehr die andern bestimmenden Nebenzüge mit jenen Hauptzügen zusammenfassen, nicht sie trennen, nicht sie einzeln angeben muß. Ohne Beobachtung dieser Regel verliert nicht bloß die Wahrheit, sondern auch die Schönheit des Spiels; es wird nicht nur unnatürlich, sondern

auch) kraus, überladen, verwickelt. Ich machte schon ehemals eine ähnliche Bemerkung für
die Composition des Gesangs, *) und ich hätte sie eben so gut auf die ganze Kunst der Declamation erstrecken können. Wenn die Sprache, aus Unvermögen alles zugleich zu sagen,
die Gedanken in Theile zerlegt, die Bilder in
einzelne Züge auflöst; so faßt dagegen die
Imagination auf einmal das Ganze, hält sich
an die Hauptidee, in welcher sich alle übrigen
sammeln, und sucht nur von dieser das Bild
oder den Eindruk durch Ton und Gebehrdenspiel darzustellen. Der Gedanke vom Cäsar,
dessen Antliz den Mörder liebreich straft, wird
uns zwar von dem Dichter in mehrern Worten gegeben; aber er ist dennoch nur Einer:
das Strafende ist mit dem liebreichen des
Blifs und beydes mit der Richtung desselben
auf den Mörder innig verbunden; und muß

eben

*) S. Ueber die musik. Malerey. S. 42.

eben so verbunden in Ton und Gebehrde aus-
gedruft werden. Es wäre lächerlich, oder
mehr als lächerlich, läppisch, jedem dieser Worte seinen eigenen Ausdruk zu geben, die Idee
des Mörders mit einem rauhen Mißlaut der
Wut, des liebreichen mit einem sanften leisen
Lispeln, des Strafens mit einer ernsten Festigkeit
des Tons zu bezeichnen; erst die Faust, gleichsam zum Dolchstoße, mit grimmigem Blik zu
erheben, dann die Hand mit gerührter liebevol-
ler Mine vorwärts zu strecken, dann sie wieder
strafend emporzuheben und auf der Stirne
den strengen Ernst des unerbittlichen Richters
zu zeigen. Eine so schnelle Folge so entgegengesezter Ausdrücke wäre auch schon darum
verwerflich, weil die Phantasie, wie biegsam
und mächtig sie immer sey, doch weder biegsam
noch mächtig genug ist, um der Seele so ganz
verschiedne Fassungen unmittelbar hinter einander zu geben. Ein so plözlich abgeändertes
Spiel kann nie etwas mehr als Kunst, und
zwar

zwar mißverstandne verfehlte Kunst seyn: denn echte vollendete Kunst entfernt sich nie von der Natur; sie stellt sie getreu so dar, wie sie ist, aber freylich in Graden der Vollkommenheit, worinn sie uns nur sehr selten, nur in ihren glüflichsten Augenblicken, erscheint.

Was ich hier sage, berührt schon die Hauptregel von der Continuität des Spiels, und zwar den wichtigsten, merkwürdigsten Punct derselben. Ehe ich diesen ausführe, lassen Sie mich von den mehrern Regeln, die jene Hauptregel befaßt, einige der leichtesten kurz voranschicken.

In der Rede giebt es, wie bekannt, mehrere Unterbrechungen, Stillstände von bald längerer bald kürzerer Dauer, während welcher wir den Gemüthszustand der Personen nur errathen, nicht hören. Im Gebehrdenspiel giebt es dergleichen Stillstände nicht; das
Au⸗

Auge hat in einem fort, mit den Personen selbst, auch den Ausdruk ihrer Gesinnungen, ihrer Empfindungen vor sich; jeder Anblik in jedem Moment ist bedeutend, sey es durch wirklichen Ausdruk eines bestimmten Affects, oder selbst durch Ruhe, durch Gleichgültigkeit, durch Zerstreuung. Gleichgültigkeit und Zerstreuung müssen also nie dem Schauspieler, immer der vorgestellten Person gehören: sind sie dieser, nach ihrem Charakter und ihrer Lage, unnatürlich; so ist die kleinste Pause im Ausdruk Pause in der Illusion, und die Illusion, die das Leben des Stücks ist, darf nicht zu oft durch Ohnmacht unterbrochen werden, oder es ist Gefahr, daß sie hinstirbt. Der Schauspieler hüte sich daher, daß er, nach gesprochener Rede, sich nicht bis zum nächsten Merkworte vernachlässige; er bedenke, daß wir mit eben dem Auge, welches wir auf die jezt redende Person richten, auch auf ihn einen spähenden Seitenblik werfen: und vor allem

hüte

hüte er sich, daß er nicht müßig in Parterre und
Logen umhergaffe. Alles Uebrige, was er vor=
nimmt, kann nach Beschaffenheit der Umstän=
de seiner Rolle gemäß, kann dem Charakter na=
türlich seyn; dieses Einzige ist in keinem Falle
natürlich: denn die Zuschauer sind für die han=
delnden Personen schlechterdings nicht gegen=
wärtig, nicht in der Welt. „Man muß sich,
„sagt Diderot*), an dem Rande der Büh=
„ne eine große Mauer vorstellen, durch die
„das Parterre abgesondert wird; man muß
„spielen, als ob der Vorhang gar nicht auf=
„gezogen würde. “

Mehr noch, als dem zu dreisten Schau=
spieler, mögt ich die Idee dieser Mauer dem
zu furchtsamen wünschen: er würde dadurch
vor einer gewissen Steifigkeit der Bewegungen,
vor einem gewissen zu Abgesezten, zu Verein=

zel=

*) Theater. Angef. Ausg. Th. 2. S. 150.

zelten, zu Maſchinenmäßigen des Spiels be-
wahrt werden, das nicht minder gegen die
Wahrheit, als gegen die Grazie iſt. Jede
Folge von Veränderungen, die keine merkliche
Bewegung der Seele bewirken, muß überall
durch gewiſſe mittlere Zuſtände und Veränderungen fortgehen; es mag nun Ruhe auf Thätigkeit, oder Thätigkeit auf Ruhe, oder eine
Thätigkeit auf die andere folgen. Um ein
Beyſpiel nur von dem leztern Falle zu geben,
— denn ich erinnre mich, über dieſe Materie
ſchon ſonſt geſprochen zu haben *) — ſo denken Sie ſich einen Menſchen, der das Geſpräch
mit ſeinem Mitunterredner abbricht, nicht weil
er durch irgend einen äuſſren Vorfall abgeru-
fen, an irgend ein vergeßnes wichtiges Ge-
ſchäft plözlich erinnert wird, ſondern weil die
Materie des Geſprächs ſich erſchöpft, das In-
tereſ-

*) S. den zehnten Brief. Th. 1. S. 118.

Mimik 2. Theil.   O

tereſſe daran erſtirbt: wird dieſer Menſch bis
zum lezten Worte ſeine anfängliche Richtung
behalten und ſich dann auf einmal zum Weggehen umdrehn? Oder wird er nicht vielmehr
beyde verſchiedene Richtungen durch eine gewiſſe mittlere Richtung zuſammenhängen, ver-
ſchmelzen? Wird er nicht, vor geendigter Rede, ſchon Anſtalten zum Weggehen machen,
die vorlezten Worte in halber Wendung gegen
den Mitunterredner hin, die lezten noch mitten im Abgehen ſprechen? — Die Seele gleitet hier von der Idee des noch daurenden zur
Idee des geendigten Geſprächs, von der Idee
des Bleibens zur Idee des Weggehens gemach
und Stufenweiſe hinüber, ſo daß ſie allmählig, wie ſie die eine faßt, die andre verläßt:
und eben ſo ſanft, eben ſo allmählig müſſen
natürlicher Weiſe auch die zuſtimmenden körperlichen Veränderungen ſich an einander
hängen.

So

So ſehr dieſes anders iſt, wo der Menſch durch irgend einen unerwarteten ſinnlichen Ein= druk, durch irgend ein der Phantaſie ſich plöz= lich darbietendes Bild aus ſeiner Ruhe geweft wird; ſo werden Sie doch nie finden, daß gleich im erſten Augenblicke eine ganz beſtimm= te Richtung der Thätigkeit, ein ganz entſchieb= ner einfacher Affect, der Begierde, des Ab= ſcheues, des Vergnügens, des Mißfallens, entſtünde. Wie der Verſtand, wenn er ſtatt einer Idee, mit der er ſich als Wahrheit beru= higt hatte, die ganz entgegengeſezte annehmen ſoll, nothwendig erſt durch den Zweifel hin= durch muß; ſo muß das Herz, wenn es aus ſeiner Ruhe in irgend eine beſtimmte Leiden= ſchaft plözlich ſoll verſezt werden, nothwendig erſt durch einen Zuſtand der Verwirrung hin= durch. Dieſer Zuſtand kann länger oder kür= zer anhalten, kann in gewiſſen Fällen ſo ſchwach und unbedeutend ſeyn, daß man ihn kaum be= merkt; aber nach allen Beyſpielen, ſo viel mir

O 2   ihrer

ihrer vorschweben, kann er nie fehlen. Denken Sie sich den Affect, in den die Seele gerathen soll, nur in einem höhern Grade der Stärke, der Lebhaftigkeit: und Sie werden finden, daß allemal der Gegenstand, der ihn bewirkt, in dem ersten Augenblik eine Art von Schrecken erregt; angenehmes oder widriges, nachdem der Affect entweder Zorn oder Furcht oder Freude oder irgend ein anderer ist, das gilt gleich. Schrecken aber ist allemal mit Erstaunen, also mit einer Art von Unglauben, von Unentschiedenheit, von Hin und Herschwanken der Seele verbunden: und wie schnell auch dieser Unglaube sich verlieren, wie bald das Schwanken den Ueberschwung nach dieser oder jener Seite hin gewinnen mag; so muß doch immer, bis es geschieht, ein Augenblick Zeit verstreichen, und eh es geschieht, kann unmöglich in der Seele bloße Rettungsbegierde oder bloßer Zorn oder irgend sonst eine reine Empfindung herrschen. Daher denn auch das erste

au-

augenblikliche Stillstehen, Anstarren, Tau‹
meln, Hin und Herwenden jedes Erschroknen,
das sich bey geringern Graden in ein unmerk‹
liches Verweilen, nach einem kleinen gleich un‹
merklichen Zusammenfahren, verwandelt.

Kehren Sie den Fall, von dem hier die
Rede war, um; lassen Sie Affect den Zustand
seyn, aus welchem sich die Seele zur Ruhe,
zum Gleichgewicht zurüffinden soll: und Sie
erkennen sogleich, daß hier der Uebergang an‹
ders nicht, als durch ein allmähliges Sinken
und Abschwächen der Empfindung, geschehen
kann. Auf eine nur etwas lebhafte Regung
kann nicht sogleich volle Stille, auf eine hefti‹
ge Erschütterung nicht sogleich ein Zustand fol‹
gen, der sich schon merklich der Ruhe nähert.
— Vermuthlich erinnern Sie sich noch einer
Stelle in Zemire und Azor, wo die Ungeschick‹
lichkeit des Schauspielers, der plözlich aus
Empfindung in ruhigen kalten Gehorsam über‹

ging,

ging, Ihnen so ausserordentlich auffiel. Ze=
mirens Vater, der entschlossen ist, dem Un=
geheuer lieber sich selbst, als eines seiner Kinder
zu übergeben, bereitet sich mit schwerem Mu=
the zur Abreise und will nur noch seinen Töch=
tern ein Zeugnis der Liebe mit einem kurzen
Worte der Ermahnung zurüklassen. Er fo=
dert Feder und Dinte. Ali, der ihm so eben
mit der furchtsamsten wehmüthigsten Mine von
dem gefahrvollen Entschlusse abrieth, hört
kaum den Befehl seines Herrn, der doch so
sanft, mit so ruhiger Stimme gesprochen wird;
so ist aller Ausdruk von seinem Gesichte wie
weggehaucht; er geht mit dem Schalle des
Worts, ohne das mindeste Zaudern, ohne das
kleinste Achselzucken des Leidens, ohne die er=
sten Schritte nur um ein weniges anzuhalten
oder einen Blik nach seinem Herrn zurückzu=
werfen, gerade vor sich weg in das Seiten=
zimmer, um das Befohlne herbeyzuschaffen.
Ein so schnelles Aufhören der Empfindung,

ein

ein so plözliches Uebergehen zur vollen Ge=
müthsruhe schien Ihnen mit Recht bis zum
Lächerlichen possierlich. Aber eben das, was
von der vollen Gemüthsruhe gilt, gilt bey hef=
tigern gewaltsamern Affecten auch von einem
schon zu merklichen Grade derselben. Auch
wenn dieser zu plözlich auf den Sturm der
Leidenschaft folgt, vermissen wir zu unsrem
Verdrusse das Stetige, das Allmählige, das
hier überall Gesetz der Natur ist.

Lassen Sie einen stolzen edlen Mann auf
eine höchstempfindliche Art an seiner Ehre ge=
kränkt und seine ganze Seele zu der wildesten
Wut empört seyn: so sehr er in dieser La=
ge nach Rache dürstet, so augenbliflich er sie
an dem Niederträchtigen nehmen würde, wenn
er ihn vor sich hätte; so kann er doch unmög=
lich, in dem ersten bittersten Gefühl seiner Krän=
kung, schon einen weit aussehenden Plan oder
nur überhaupt einen Plan dazu machen. Die=

ser

ser Plan mögte so leicht und so einfach seyn,
als er wollte; er würde dennoch einen Grad
von Besonnenheit, von Gemüthsfassung voraussetzen, dessen der Beleidigte jezt noch un-
fähig ist. Es müssen nothwendig, nach dem ersten Ausbruche seines Affects, wenigstens Augenblicke verstreichen, eh er von der Art, wie er seine Rache ausführen will, nur irgend eine Idee
fassen kann. — Otto von Wittelsbach
hat jezt eben den verrätherischen Brief Kay-
ser Philipps gehört; der unterschriebene Name des Treulosen tönt ihm kaum in die Ohren, so fährt er wütend auf und bricht in die
fürchterlichen Worte aus: „Philipp sey das
„Jubelgeschrey der Hölle, wenn ein Undankba-
„rer verdammt wird!“ *) Die unmittelbar folgenden Worte: „Gieb mir den Brief!„ wenden sich an den ehrwürdigen Friedrich von
Reuß und scheinen schon mit Aussicht auf irgend

*) Dritter Act, S. 112.

gend eine mögliche Art von Rache gesprochen
zu werden. Fragen Sie nun sich selbst, was
Ihnen besser gefallen würde: daß der Schauspieler diese Worte eben so unmittelbar, als
sie auf dem Blatte folgen, nach jener Rede
herausstieße? daß er sogleich nach der Erschütterung, womit er die schrecklichste Verwün-
schung aussprach, die Wildheit seiner verzerr-
ten Züge milderte und die Hand zum Hinneh-
men des Briefes ausstreckte? Oder daß er vorher eine kleine, wenn auch noch so kurzdaurende,
Pause machte, ein paar heftige große Schritte
umherginge und dann erst jene Worte sagte, die
gleichsam ein kurzes Wiederaufleben der Besonnenheit sind? Diese Besonnenheit selbst mögte
dann, so bald sie wollte, wieder verschwinden;
ihre längere Fortdauer wäre sogar gegen die Natur, gegen die Wahrheit; es wäre widersinnig,
daß die heftigste aller Leidenschaften so gar schnell
sollte verbraust seyn, ohne in neuen Gluthströ-
men wieder hervorzubrechen. — —

O 5   Das

Das Bisherige betraf die ununterbrochene Fortsetzung des Spiels, die Verbindung mehrerer ruhiger Thätigkeiten, den Uebergang aus der Ruhe in den Affect und zurük aus dem Affect in die Ruhe. Was wir jezt noch zu untersuchen haben, ist die oben schon berührte Hauptfrage von der Verbindung mehrerer leidenschaftlicher Bewegungen. Ob ich diese Frage deutlich und befriedigend werde beantworten können, das steht dahin; aber davon halte ich mich überzeugt, daß die Antwort; wenn sie sich geben liesse, für den Schauspieler von Nußen seyn müßte. Sie würde ihn, denk ich, so oft über die wahre Nuance, über den wahren Grad des Ausdruks belehren; würde ihn so oft an die Nothwendigkeit einer Pause erinnern, und ihm mit der Dauer derselben ohngefähr auch die Folge der Bewegungen angeben, womit er sie auszufüllen hätte; würde ihn auf die Erfindung des richtigen Zwischenspiels während der Reden seines Mit-

spie-

spielers führen, da diese Reden nicht selten so lang sind, oder doch so ganz verschiedne Gesinnungen veranlassen, daß unmöglich das Zwischenspiel bloße Fortsetzung des vorhergehenden Ausdruks seyn kann. Dieser lezte Nuzen würde sich vorzüglich bey der Aufführung versificirter Trauerspiele zeigen, deren Dialog auch dadurch so unnatürlich ist, daß die Reden der Personen fast immer zu viel enthalten, zu weit ausgesponnen, zu lange fortgesezt werden.

Ein

Ein und vierzigster Brief.

Es kommt, sagen Sie, bey der Schnelligkeit, womit eine Flamme emporschlagen und
wieder verschwinden soll, auf die Beschaffenheit der Materie an, die der Funken er-
greift. Die eine ist wenig oder gar nicht
brennbar; die andre ist feucht; die dritte ist
feuerfangend. Wird es nicht eben so bey der
Schnelligkeit, womit eine Leidenschaft sich er-
zeugen und wieder ersterben soll, auf den Umstand ankommen, wie sehr oder wie wenig die
Seele, nach ihrem allgemeinen Charakter oder
nach ihrer jedesmaligen besondern Lage, für
die Leidenschaft gestimmt ist? — Dieser Gedanke an sich ist sehr einleuchtend wahr;
allein ich zweifle, daß Sie damit den möglichen ganz unmittelbaren Uebergang aus Gemüthsruhe in lebhaftere bestimmte Affecten

wer-

werden beweisen können. Wenn in den dunk-
lern Gegenden der Seele, uns selbst vielleicht
unbewußt und Andern unmerklich, sich schon
nahe Dispositionen zur Erzeugung gewisser
Affecten finden; wenn der Mensch schon
heimlich zur Freude, zur Traurigkeit, zum
Verdruß, zu irgend einer andern Empfindung
aufgelegt ist; so wird er sie freylich auf den
ersten Anlaß, und vielleicht augenblicklich mit
einer sichtbaren Lebhaftigkeit äussern. Aber
dann ist ja die Bedingung, die ich voraussezte,
die völlige Seelenstille, nicht mehr vorhanden;
die angenommene Ruhe ist ja nur Täuschung,
nur Schein, und der ganze Uebergang geschieht
ja nur von einem geringern zu einem höhern
Grade.

Doch vielleicht ist es eben dieß, was Sie mit
Ihrem Einwurfe sagen wollen. Vielleicht ist
der eigentliche Sinn desselben: daß volle Gemüthsruhe, volles Gleichgewicht der Seele,
eine

eine Idee ist, der kein wirklicher Zustand entspricht; daß Lage oder Charakter immer
schon eine geheime Aufgelegtheit zur Erzeugung gewisser Affecten hervorbringen, und daß
diese Aufgelegtheit anders nichts als das schon
Vorhandenseyn gewisser unmerklicher Regun-
gen seyn kann, die, wenn sie mehr Nahrung,
Leben, Fülle gewinnen, zu eigentlichen wahren
Affecten werden. In dieser Idee, wenn es
wirklich die Ihrige ist, bin ich völlig auf Ihrer Seite; der Zustand des ganz unentschied-
nen Gleichgewichts ist auch mir bloßer Schein:
allein in Untersuchungen, die sich so ganz vom
Scheine nähren, glaubt ich den Schein eben
nicht verlassen zu dürfen. Indessen, wenn
es Ihnen so besser dünkt, so setzen Sie überall statt Gemüthsruhe: unmerkliche Seelen-
regung, und ziehen Sie dann das, was von
jener gesagt wurde, zu der jezt folgenden Lehre
von der Verbindung mehrerer leidenschaftlicher Bewegungen.

Die-

Diese mehrern Bewegungen können nur eins von beyden seyn: einartig oder verschiedenartig. Sind sie das erstere, so liegt der ganze Unterschied zwischen ihnen bloß in Stärke und Schwäche, und die möglichen Arten ihrer Verbindung sind: Anschwellen und Abnehmen. Das Abnehmen, wenn es durch allmähliges Zurücksinken zur Ruhe geschehen soll, haben wir schon betrachtet; wenn es durch Zwischenkunft anderer Affecten soll bewirkt werden, gehört es in die Lehre von der Verbindung frembartiger Empfindungen: mithin bleibt hier nichts, als die Betrachtung des Anschwellens, übrig. Soll dieses durch unmerkliche Grade geschehen; so ist die einzige Erinnerung, die man dem Schauspieler geben kann: daß er die wesentlichsten, eigensten Züge jedes Affectes merken und eben durch Verstärkung von diesen die Erhöhung bezeichnen muß: Soll es plözlich, durch Ueberhüpfung mehrerer Mittelgrade, geschehen; so kommt
die

die zweyte Erinnerung hinzu: daß sich hier in
der Seele, eben wie bey dem Uebergange aus
scheinbarer voller Gemüthsruhe, ein mittlerer
Zustand der Verwirrung findet, und daß, in
dem Falle einer zu merklichen Entfernung zwischen den Graden, auch das Gebehrdenspiel
diesen Zustand durch eine Mine des Erstaunens, durch ein kleines Zurückfahren, durch
irgend sonst eine Bewegung, andeuten muß.
Ich erläutere Ihnen beydes durch ein Beyspiel, das ich nicht erst erfinden, das ich nur
ganz so hinschreiben darf, wie ich es sah, und
das Ihnen um so mehr gefallen wird, da es
abermals aus Ihrem Lieblingsschauspiel, aus
Otto von Wittelsbach, ist.

Friederich von Reuß hegt Verdacht gegen die Redlichkeit Philipps; Otto, so wenig seine eigne Rechtschaffenheit ihn noch Ar-
ges muthmaßen läßt, will gleichwohl den
Brief, den ihm Philipp an den Pohlenher-

zog mitgab, gelesen haben. Der Pfalzgraf selbst, wissen Sie, kann nicht lesen, so wenig als sein Stallmeister Wolf. Ritter Friederich sezt sich hinter einen Tisch, Otto zur Seite; das Ohr hat er gegen den Ritter hingebeugt, und sein Blik ist ein wenig geschärft; sonst sind Minen und Stellung noch völlig ruhig. Er hat jezt noch weit mehr Zutrauen, als Verdacht gegen den Kaiser; der Unwille, der sich an den größern Verdacht bald anhängen würde, kann noch zu keiner Kraft bey ihm kommen; sein Ausdruk ist noch ganz der reine Ausdruk der Neugier, der ernsten Aufmerksamkeit. (Fig. 52.) — Der Ritter liest, und gleich zu Anfange des Briefes kommen Stellen vor, die eben nicht beleidigen, aber befremden: der Kaiser hatte andere Worte, als jezt der Ritter, gelesen; die Aufmerksamkeit wird also natürlicher Weise schon weit höher gespannt. Nach einem sichtbaren Erstaunen, womit Otto die Worte begleitet:

Mimik 2. Theil.   P   „Was?

„Was? Stehts so da? Der Kaiser las nicht
„so;" nach einem kleinen Kopfschütteln der
Verwunderung, drängt er sich nun schon weiter an den Ritter hinan; bringt sein Ohr
dem Munde desselben schon näher, gleichsam
um den Tönen ihren Weg zu verkürzen und
sie sichrer und schneller zu haschen; zieht die
Augenbraunen schon merklicher zusammen und
zeigt in allen seinen Muskeln mehr Kraft, mehr
Spannung. (Fig. 53.) — Nach noch einem Satze, der in Ansehung der Aufmerksamkeit eben nichts ändert, folgt nun die verrä-
therische geheime Warnung: daß der Herzog
von Pohlen dem Otto keine eigene Macht
vertrauen, vielweniger ihn mit der Hand seiner weltberühmten schönen Tochter beglücken
solle. Dieser Zug des verworfensten, nieder-
trächtigsten Undanks erschüttert; je minder er
sich erwarten ließ, desto tiefer fährt er durchs
Herz: das dreymalige Ha! des Pfalzgrafen ist
gleich sehr Ausruf wilder Wut, als des höchsten

sten Erstaunens; sein Auge ist nun weit auf-
gerissen, die Faust geballt, die Stirne gerun-
zelt; es wird ihm schwer, sich auf seinem Sitze ruhig zu halten. Was ihn noch einzig daran fesselt, ist die jezt unendlich verstärkte Begierde nach vollem Aufschluß der Sache; eine Begierde, die kaum dem Ritter zu seinem
eigenen Erstaunen Zeit läßt: denn wie hitzig
spornt ihn der Pfalzgraf durch sein öfteres:
„Weiter! lies weiter!" zur Eile! Die Nähe
des Ohrs an dem Munde des Ritters genügt
nun Otto nicht mehr; er blickt dem Alten
stier und unverwandt ins Gesicht, gleichsam
um die Töne unmittelbar von den Lippen weg-
zuhaschen oder vielmehr um die Worte, noch
ehe sie gesprochen werden, schon aus den Minen zu lesen. Auch greift er, nach der Bemerkung: daß ein sehr interessirter Zuhörer
immer gern den Mitunterredner faßt *), mit

P 2   der

*) S. Th. 1. S. 183.

der einen Hand auf die Schulter des Ritters. (Fig. 54.) — Das Erstaunen Otto's kann nun kaum mehr geschwellt werden; aber seine Wut kann es, selbst seine Begierde zu wissen kann es. Wenn schon die Warnung des Kaisers an sich selbst höchst beleidigend war, so ist es die Ursache, die er angiebt, noch mehr: das zu stolze, zu Aufruhr und Zwietracht geneigte Gemüth des Pfalzgrafen. So wie diese Worte gesprochen werden, ist Otto schon herunter von seinem Sitze; den Ritter bloß an der Schulter zu fassen, ist ihm nun allzuwenig; er schlingt ihm den ganzen rechten Arm um den Hals, inden der linke die geballte Faust auf den Tisch stüzt; auch dünkt ihm jezt der Blik ins Gesicht des Ritters ein noch zu langsames Befriedigungsmittel für seine Neugier: ohne zu bedenken, daß er selbst nicht lesen kann, starrt er, mit dem Ausdruk der höchsten Sehnsucht und der empörtesten Wut, geradezu in den Brief hinunter. (Fig. 55.)

55.) — — Ich weiß nicht, ob für andre die=
se Beschreibung klar oder lebhaft genug wäre,
um sie die ganze Richtigkeit der Gradation,
die ganze Wahrheit des Fortschritts durch alle
die kleinsten Bewegungen, fühlen zu lassen:
für Sie, hoff ich, soll sie es seyn, da Sie
durch eigne Wiedererinnerung die Mängel
derselben so leicht ersetzen können. —

Eben so, wie von niedern zu höhern Gra=
den eines Affects, geht man aus Affecten des
Anschauens in die ihnen verwandten Begier=
den über: denn auch dieser Uebergang ist im
Grunde nichts als Wachsthum durch Gra=
de, als Stufenfolge. Der Verdruß kann
zu schwach seyn, um als Zorn in Thätigkeit
auszubrechen; die Liebe zu sehr bloße Rüh=
rung, um ein sichtbares Streben nach Verei=
nigung zu bewirken: das Leiden noch zu
stumpf, zu gemäßigt, um entweder rastlos um=
herzuschweifen oder sich gewaltsam an dem

P 3   Men=

Menschen selbst zu vergreifen. Indessen ist
doch jeder dieser Affecten schon ein wirklicher
innerer Drang der Seele, der nur durch mehr
und lebhaftere sinnliche Eindrücke, durch mehr
und lebhaftere Phantasieideen verstärkt werden darf, um als Begierde durch Thätigkeit
sichtbar zu werden. Findet sich gar kein Hinderniß, das diese Thätigkeit aufhielte, oder
hebt auch das etwanige Hinderniß sich von
selbst; so geschieht der Uebergang leicht, unmittelbar, ohne Zwischenzustand: der stillstehende
Bach braucht nur Zufluß, und der schon an-
geschwollne nur Weghebung des Wehrs, um
in seinem natürlichen Bette fortzuwallen.
Muß das Hinderniß durch eigene Gewalt
der Begierde erst durchbrochen werden, so ist
freylich die Sache anders: hier entsteht ein
unruhiger Mittelzustand, eine Mischempfindung, ein vielleicht zweifelhafter Kampf zwischen Affecten, von dem ich aber eher nicht reden kann, als bis ich erst den Uebergang

aus

aus einem verschiedenartigen Seelenzuſtande in den andern betrachtet habe.

Daß dieſer Uebergang nicht bey allen Affecten gleich leicht ſey; daß er das eine mal mit großer Geſchwindigkeit, das andre mal nur ſehr langſam geſchehe; das müſſen Sie ſogleich, bey dem erſten flüchtigſten Ueberdenken, finden. In ſo ferne dieſe größere Leichtigkeit oder Schwierigkeit von der beſondern Verwickelung der Begebenheiten, von der eigenthümlichen Beſchaffenheit der Charaktere, abhängt, kann die Theorie nichts beſtimmen; die Verſchiedenheiten erſtrecken ſich hier ins Unendliche; und es wäre thöricht, nicht kühn, ſeinen Maaßſtab an das Unermeßliche zu legen. Aber ſelbſt in der allgemeinen Natur der Empfindungen, unabhängig von den Begebenheiten und Ideen, wodurch ſie erweckt, von den Charakteren, worinn ſie erzeugt werden, liegt ein Grund zu dieſer Leichtigkeit oder Schwie-

P 4

rig-

rigkeit der Folge; und diesen kann und darf
die Theorie in Betrachtung ziehen. Laſſen
Sie mich diejenigen Affecten, deren Folge ohne Schwierigkeit iſt, verwandte, die entge-
gengeſezten entfernte nennen.

Die erſte und wichtigſte Frage iſt nun die:
an was für feſten, weſentlichen Merkmalen
wir dieſe Verwandſchaft oder Entfernung erkennen wollen? Der Unterſchied fällt ſchlechterdings mit demjenigen, den man zwiſchen
angenehmen und unangenehmen Affecten
macht, nicht zuſammen. Tiefe Schwermuth,
die freywillig alle Kräfte ſinken läßt, alles Be-
ſtreben gegen das Uebel aufgiebt, weil ſie keine Möglichkeit es abzuändern erblickt, iſt doch
ſicher ein höchſt unangenehmer, trauriger Affect? Und jene über den Menſchen ſelbſt ſich
herwerfende, Haarausraufende, Bruſt und
Wangen zerfleiſchende Wut iſt doch wahrlich
auch kein Gefühl, wie wir es den Bewohnern

Ely-

Elysiums geben? Gleichwohl; wie weit ist die Entfernung von einem dieser Affecten zum andern! Wie viel mittlere Zustände und von wie langer Dauer müßten wir annehmen, um zwischen beyden eine natürliche Verbindung zu finden! Eben so: die stille, zärtliche, in sich gekehrte Liebe, die so gern mit dem Rauschen sanftbewegter Wipfel, mit dem eben und leise fortschleichenden Bache sympathisirt, ist doch gewiß eine der süßesten, seligsten Empfindungen der Menschheit? Und der ist doch auch in unsern Augen kein Elender, der vor Freude in Tanz, in Händeklatschen, in Jubel, in lautes Gelächter ausbricht? Aber wie ungerne wird sich jener von dem Rasen, auf dem er wohllüstig hingestreckt lag, zur Theilnehmung an den wilden stürmischen Schwärmereyen von diesem erheben! wie wenig dieser gestimmt seyn, sich neben jenem zu gleich sanften heimlichwohllüstigen Empfindungen einzuwiegen! Hingegen scheint es

P 5   auch)

auch) hier so wahr, daß oft die äufferſten En=
den einander berühren: die angenehmen Em=
pfindungen ſind den unangenehmen und dieſe je=
nen in ſo manchem Punkte verwandt, und die
eine ſchleicht ſich in die andre oft ſo leicht, ſo
unmerklich hinüber. In dem einen Augen=
blick iſt die Liebe noch ſanftes wohllüſtiges
Schmachten, ſtiller ſüßer Genuß körperlicher
oder geiſtiger Schönheit: in dem andern er=
wacht plözlich eine traurige Phantaſieidee; das
Herz nimmt ſie willig auf, und der Glükliche
verſinkt auf einmal in Schwermuth. — Sie
werden ſagen, daß auch dieſe Schwermuth
noch mehr angenehmes als unangenehmes
Gefühl iſt; aber eben dieſes, glaube ich,
macht die Sache eher ſchlimmer, als beſ=
ſer. Es erinnert uns, daß angenehm
und unangenehm ſo zweydeutige, ſo unſi=
chere Begriffe ſind; daß ſie ſich unmerklich
durch ſo feine, ſo ſchwache Schattirungen in
einander verlieren; daß ſie faſt nirgends ei=
me

ne beſtimmte, feſte, ſcharf abgeſchnittene
Grenze geben.

Gleich unbrauchbar mögte zu unſrem Ent=
zwecke die Eintheilung ſeyn: in Affecten, die
die Seele erheben und die ſie niederſchlagen.
Bewunderung und Zorn gehören doch gewiß
zu den erſtern; aber wenn nun eben ein gro=
ßer, erhabner Gegenſtand meine Sinne, mei=
ne Phantaſie beſchäftigt und gleichſam die
ganze Denkungskraft meiner Seele ausfüllt:
werd ich aus dieſer Stimmung, auf den er=
ſten ſich darbietenden Anlaß, einen unmittel=
baren Uebergang in Zorn, in Begierde nach
Rache finden? Werd ich nicht, wie auch im=
mer die Kette der Ideen und Begebenheiten
ſeyn mag, erſt Zeit zur Faſſung, zur Erho=
lung bedürfen? Wird nicht zwiſchen beyden
Affecten ſich irgend eine mittlere Seelenbewe=
gung finden, durch die ich nothwendig erſt
durch muß? — Bange zitternde Furcht und

jenes

jenes stille hinschmachtende Entzücken, das
ich Ihnen im neunzehnten Briefe schilderte
(Fig. 27.), schlagen beyde die Kräfte der
Seele nieder, spannen Sie beyde ab: aber
können Sie demungeachtet sich irgend einen
Charakter, irgend eine Ideenfolge denken,
welche die unmittelbare Verbindung zwey so
ganz verschiedner, so wiederstrebender Empfindungen möglich machte? — Dennoch liegt
in der That in dieser lezten Eintheilung schon
etwas von dem, was wir suchen; sie bringt
uns der Auflösung der Frage schon näher, als
jene erstere, und es wird bloß darauf ankommen, daß wir das Wesentliche derselben zu
fassen, abzusondern, aus einander zu setzen
suchen.

Zwey

Zwey und vierzigster Brief.

Um den Grund zu erkennen, warum gewiſſe Gemüthsfaſſungen ſo unmittelbar, andre immer nur mittelbar, auf einander folgen, müſſen Sie auf das Eigne in dem Ideengang der verſchiednen Affecten merken. Verwandt ſind Affecten, wenn ſie einander in dieſem Gange ſehr ähnlich; entfernt, wenn ſie einander ſehr unähnlich ſind. Aber dieſe Aehnlichkeit oder Unähnlichkeit findet in mehr als in einer Beziehung Statt; der Ideengang iſt nicht bloß ſchnell oder langſam; er iſt auch feſt oder leiſe, gebunden oder abgeſezt, gleich oder ungleich: und nun fragt es ſich, auf welche von dieſen Beziehungen es hier ankomme? auf welche man Acht haben müſſe? Ich antworte: auf alle. So wie der Arzt, wenn er den Zuſtand des Körpers erforſchen will, nicht bloß auf

Schnel=

Schnelligkeit oder Trägheit, auch auf Härte oder Weichheit, Fülle oder Schwäche, Gleichheit oder Ungleichheit des Pulses merkt; eben so muß der Pfycholog, wenn er den Zuftand der Seele fchätzen will, nicht bloß auf eins oder das andre, er muß durchaus auf alles merken, was jenen körperlichen Befchaffenheiten in der Seele, in dem Forttriebe ihrer Ideen, analog ift. Wenn Sie den Verfuch der Anwendung von diefen Kennzeichen machen; fo werden Sie, hoff ich, überall ihre Richtigkeit einfehen, überall erkennen, daß die Folge der Affecten um fo leichter ift, je größere Aehnlichkeit und in je mehrern der angegebenen Puncte Statt hat; um fo fchwieriger, in je wenigern Puncten und in je geringerm Grade man fie antrifft. Der weitere Grund hievon liegt in der Natur der Seele, in dem ihr wefentlichen Hange nach der Fortfetzung ihres jedesmaligen Zuftandes; einem Hange, der neben dem gleich wefentlichen

chen Triebe nach unabläſſiger Aenderung und
Abwechſlung beſteht. So wie dieſer leztere Trieb
keine Fortdauer einer und derſelben völlig gleichen Faſſung verſtattet, ſo verſtattet jener erſtere keinen Sprung, keine plözliche Umwälzung,
keine unmittelbare Folge ganz entgegengeſezter
Zuſtände. Eine geringe Aenderung bringt eine auch nur geringe, vielleicht unmerkliche,
Verwirrung, eine größere Aenderung eine
größere Verwirrung hervor, und ſo viel jene
kürzer währt, währt dieſe länger.

Wenden Sie die Kennzeichen, die ich
feſtgeſezt, zuerſt auf diejenigen Affecten an,
deren Verwandſchaft oder Entfernung wir
aus dem Umſtande, daß beyde angenehm oder
unangenehm waren, beyde die Seele erhoben
oder niederſchlugen, nicht zu erklären wußten.
Warum können tiefe Schwermuth und wütendes Leiden nie in nahe unmittelbare Verbindung kommen? Der Gang jenes erſten

Af

Affects ist Schneckengang, mehr Festhängen,
Ansaugen, Stillstehen, als Weiterkommen;
der Gang dieses leztern ist schnell, forteilend,
rasch; jeder Fortschritt von jenem ist leise,
furchtsam, schwach; jeder von diesem stark,
reißend, gewaltsam: die Bewegungen des einen sind sanft, gebunden, verflößt, die des
andern rauh, unordentlich, abwechselnd. —
Warum findet keine Folge Statt von stiller
zärtlicher Liebe zu lauter lärmender Freude?
Jene schleicht von Reiz zu Reiz, von Schönheit zu Schönheit, so verweilendlangsam
fort, hängt alle ihre Ideen so unmerklich und
sanft an einander, gleitet so gemach und eben
durch sie dahin: diese geht so rasch, mit so fe-
stem kühnen Schritte, und zugleich so hüpfend, so viel minder gleichförmig einher. —
Warum sind volle anstaunende Bewunderung
und heftiger wütender Zorn keine unmittelbar
zu verbindende Affecten? Der eine ist so fey-
erlichlangsam, der andre so ungestüm rasch;
der

der eine hålt so gleichen gemeßnen Schritt,
der andre ist so regelloshestig; der eine ist bey
seiner Fülle so gebunden und sanft, der andere
bey noch größrer Fülle so rauh, so abgesezt,
so erschütternd. — Warum hångt sich stilles
hinschmachtendes Entzücken nie unmittelbar
an bange zitternde Furcht? Der Gang des einen Affects ist höchstlangsam, des andern
höchstschnell; des einen so ununterbrochen
fortwallend, des andern so unstått und ungleich; des einen so viel fester und voller, des
andern so viel unsichrer und schwächer. Die
Seele müßte, wenn eine unmittelbare Verbindung der angegebnen Affecten geschehen sollte,
ihren Zustand bald größtentheils bald durchaus, und zwar plözlich, in einem Augenblick,
ändern. — Hingegen schmachtende Liebe und
stille wohllüstige Schwermuth, da sie in aller Rüksicht einander so ähnlich in ihrem Ideengange sind, in Langsamkeit, Gebundenheit,
Gleichheit; da vielleicht nur in Ansehung der

Mimik 2. Theil.　　Q　　Ful-

Fülle sich einiger Unterschied findet: warum sollten sie nicht, eine auf die andre, unmittelbar und ohne Schwierigkeit folgen können?

Es wäre endlos, wenn wir alle die Affecten, die wir unterschieden haben, einzeln in Betrachtung ziehen, jeden mit jedem nach Aehnlichkeit oder Unähnlichkeit des Ideenganges vergleichen, und so die Grade ihrer Verwandschaft oder Entfernung bestimmen wollten. Nur irgend einen einzelnen reinen Affect, etwa den Zorn, lassen Sie uns noch zum Ueberfluß nach seinen nächsten Verwandschaften durchgehn und die Richtigkeit unsrer Theorie an ihm prüfen! Wenn man fragt: warum die stolze Empfindung des eignen Werthes, des Muthes, der Kraft, den Menschen so viel aufgelegter zum Zorn macht, als jeder andre ruhige Affect des Anschauens? so ergiebt sich die Antwort augenblicklich aus der Fassung, in welche bey jener Empfindung die Seele ver-

verſezt wird: Fülle, Feſtigkeit, Kraft des
Ideengangs ſind ſchon da; nur noch die
Schnelligkeit darf wachſen, darf bis zur Wildheit anſchwellen, und die Seelenſtimmung iſt
ganz, wie ſie zum Zorne ſeyn muß. Wenn man
wiſſen will, warum auch die Freude, ſo entgegengeſezt ſie immer dem Zorne ſcheint, in ihrem höchſten Grade doch ſo leicht in ihn über-
geht? — eine Bemerkung, deren Wahrheit
die ſo gewöhnlichen Händel auf ausſchweifen-
den Freudengelagen beſtättigen; — ſo giebt
auch hierüber der Ideengang Aufſchluß: die
zu hoch geſtiegene Freude iſt von einer ſo großen, ſo unruhigen Schnelligkeit, ihr Schritt
ſchon ſo feſt, ſo weit ausgreifend, daß die Seele zum plözlichen Uebergange in den Zorn nur
noch etwas mehr geſpannt werden darf. Wenn
man nach der Urſache forſcht, warum leiden
mit dem Zorne in ſo naher, ſo inniger Verwandſchaft ſteht, daß aus jenem Affect in dieſen und zurück aus dieſem in jenen nur ein ein-

ziger

ziger Schritt ist; so gebe man nur auf den Ideenstrom Achtung: er ist in beyden Affecten von so gleicher Schnelligkeit, so gleicher Heftigkeit und Fülle, daß unmöglich eine größere Uebereinstimmung zwischen Affecten gedacht werden kann. Wenn man belehrt seyn will, warum die Genußbegierde in ihrer größten Hitze so leicht zu der grimmigsten Wut wird; so erklärt auch das wieder die Seelenfassung: Schnelligkeit, Gedrängtheit, Regellosigkeit des Ideenganges sind der Genußbegierde in ihren höchsten Graden eben so eigenthümlich, so wesentlich, als dem Zorne. — Daß in der That keine dieser Erklärungen zureichend ist; daß sich immer noch andre Gründe, als die hier genannten, angeben lassen, das wird Sie hoffentlich nicht befremden: ich sah hier freylich nur auf die allgemeinste subjective Möglichkeit der Verbindung; aber das war auch, wie Sie sich erinnern werden, die Grenze, die ich gleich Anfangs diesen Untersuchungen vorschrieb.

Wer,

Werfen Sie noch einmal einen prüfenden
Blik auf unſre ſämmtlichen Beyſpiele, und
Sie werden Gelegenheit zu einigen nicht un-
wichtigen Bemerkungen finden. Die erſte
wird ſeyn: daß Verwandſchaft und Entfernung der Affecten nicht ſowohl von ihrer Natur im Allgemeinen, als vielmehr von dem
Grade ihrer Stärke abhängt. Um zu zeigen,
daß Leiden und Schwermuth entfernte, nicht
unmittelbar zu verbindende, Gemüthsfaſſungen ſind, durft ich nicht ſo ſchlechthin dieſe
Affecten nur nennen; ich mußte ſie in ihren
höhern Graden nehmen, und von tiefer
Schwermuth, von wütendem Leiden reden.
In geringern Graden hat es ſo ganz keine
Schwierigkeit, unmittelbar von einem dieſer Affecten zum andern überzugehen. Der Trauren-
de, der mit niedergeſenktem Blik an dem
Grabhügel ſeines Freundes daſizt, fühlt ſich
plözlich die Laſt ſeines Kummers zu ſchwer,
hebt mit einem Seufzer das matte trübe Au-

Q 3   ge

ge gen Himmel, und sinkt dann, nach dieser
Erleichterung seines Herzens, in die erste
Schwermuth zurück, spannt die kaum noch
angestrengten Muskeln wieder ab, läßt das
kaum gehobene Haupt wieder gegen den Busen fallen. — Eben so mußt ich alle übrigen
Affecten näher bestimmen, wenn ich ihre Entfernung wollte fühlbar machen; mußte die
Liebe als still und zärtlich, die Freude als lär-
mend und laut, die Bewunderung als voll
und anstaunend, den Zorn als heftig und wütend voraussetzen. In geringern Graden,
sagt' ich schon damals, da von der Mäßigung
des dramatischen Spiels die Rede war*), können die Affecten leichter verschwinden, leichter
Nüancen annehmen, sich mischen, sich in ver-
schiedenartige umwandeln. Man thut daher,
glaub' ich, besser, wenn man von der Verwandschaft mehrerer Seelenbewegungen, mehrerer

*) Br. 34. S. 107.

rerer leidenschaftlichen Zuſtände, als ſo
ſchlechthin von der Verwandſchaft mehrerer
Affecten ſpricht: der leztere Ausdruk verführt
ſo leicht, nur überhaupt an den Gattungsbe-
griff, nicht an den ganzen ſpeciellen Zuſtand
zu denken, worinn die Seele verſezt wird.

Mit dieſer Bemerkung läßt ſich ſogleich
die zweite verbinden: daß man nehmlich, bey
Beurtheilung der Verwandſchaft der Seelenbewegungen, nicht auf den gemeinen Sprachgebrauch zu achten hat, der zwar oft auch der phi-
loſophiſche iſt. Dieſer Sprachgebrauch nimmt
es mit der Bezeichnung der Leidenſchaften nicht
eben genau; bald nennt er, ſtatt eine Miſchung anzugeben, nur den einen Affect, der be-
ſonders darinn hervorſticht, bald belegt er auch
die vielleicht ganz verſchiedenartige Gemüths-
faſſung mit dem Nahmen der Quelle, des
Grundaffects, von welchem ſie herrührt. So
ſagt man in dieſer Sprache ohne Bedenken:

Q 4 daß

daß oft der Eifersüchtige plözlich aus der heftigsten Wut in die zärtlichste Liebe zurükfalle: und doch ist die unmittelbare, selbst nur nahe, Folge zwey so entgegengesezter Affecten durchaus unmöglich. Sehen Sie Othello, dieses so vollkommne, so vollendete Gemälde der Eifersucht an: was finden Sie in der Scene, wo der Mohr seine Gattinn so stürmisch anfährt und dann plözlich wieder von ihren Reizen so angezogen wird? Was sonst, als Erschütterung bis zu Thränen, und dann auf einmal Ausbruch des heftigsten Schmerzens, der zwar freylich aus Liebe quillt, aber von den charakteristischen Bewegungen dieses Affects keine Spur, keinen Verdacht zeigt?*) Und schon vorher in der Scene mit Jago, wo Othello nach Erklärung seines festen Entschlusses, Desdemonen zu morden, sich auf ein-

*) Viert. Act. Sc. 2. Eschenb. Uebers. Band 12, S. 473.

einmal wieder ihrer Schönheit, ihrer Geistes¬
gaben, ihrer gefälligen Sitten, aller ihrer
Vortreflichkeiten erinnert; was finden Sie,
als innige wehmuthsvolle Erschütterung? als
bittres schmerzliches Leiden, aus dem er in die
alte Wut der Rachgier immer wieder zurük¬
fallen kann, was er aus wahrhaftzärtlicher,
sanfter Bewegung nicht könnte? *) Liebe ist
freylich der Grundaffect, der diese Erschütte¬
rungen bey ihm hervorbringt; aber sie selbst,
diese Erschütterungen, haben nichts von dem
Weichen, Süßen, Zärtlichen, Schmachten¬
den dieser Empfindung.

Eine dritte Bemerkung wird seyn: daß
die Leichtigkeit der Verbindung nicht bey allen
verwandten Affecten wechselseitig ist. Aus
Zorn in Leiden und zurük aus Leiden in Zorn
ist der Fortgang gleich leicht, gleich schnell;

Q 5

aber

*) Ebendas. Sc. 1. S. 466 fg.

aber zurück aus Zorn in Freude oder in ftol-
zes ruhiges Gefühl seiner Größe ist ein schwe-
rerer Schritt, als aus den lezten Affecten in
jenen. Es ist hier mit den Bewegungen der
Seele, wie mit dem Wogen des Meers: der
Sturm, der freylich schon eine Zeitlang toben
mußte, eh er bis auf die Tiefe drang und die
Wellen bis zur Höhe der Wolfen trieb, muß
noch weit länger geschwiegen haben, ehe
die empörte Fluth sich wieder bis zum sanften
Wallen oder gar bis zum Gleichgewichte zu-
rückfenkt. Bey Zorn und Leiden, wie Sie leicht
inne werden, findet diese Vergleichung nicht
Statt; der eine dieser Affecten ist eben so wild,
so rasch, so ungestüm, wie der andre, und so
ist natürlicher Weise der Fortgang gleich leicht
von diesem zu jenem und von jenem zu diesem. —

Sie sehen aus dem Bisherigen schon von
selbst, daß eben das, was ich von völlig ein-
arti-

artigen Seelenbewegungen sagte, auch auf die
verschiedenartigen, sowohl verwandten als
entfernten, anwendbar ist. Die Folge der
verwandten, wenn sie nicht völlig einerley
Ideengang haben, ist weiter nichts als eine
allmälige unmerkliche Erhöhung oder Abnah=
me, sey es der Geschwindigkeit, oder der Fülle,
oder der Festigkeit oder der Gleichheit des
Ideenganges, oder auch mehrerer dieser Ei=
genschaften zugleich. Die nahe unmittelbare
Folge entfernter Seelenbewegungen wäre
Sprung; und Sprung ist, in der geistigen
wie in der körperlichen Natur, unmöglich:
der schnellere Fortstrom der Gedanken läßt
sich nicht auf einmal anhalten, ihr trägerer
langsamerer Fluß nicht plötzlich beschleunigen;
noch weniger läßt sich die Proportion der ver=
schiednen Beschaffenheiten, die wir in dem
Ideengange unterschieden, augenblicklich um=
ändern, so daß bey ungleich weniger Festig=
keit auf einmal ungleich mehr Geschwindin=
keit

keit u. f. w. entstünde. Mithin muß auch
hier, wie bey entfernten Graden einartiger
Seelenbewegungen, eine gewisse Verwirrung
entstehen; ein gewisses unruhiges Hinundherschwanken zwischen dem einen Zustande, der
aufhören, und dem andern, der anfangen soll.
Ist die Entfernung zwischen den Affecten nur
klein, so ist es so gut als ob sie verwandt wären; die vielleicht nur augenblickliche, dem
Menschen selbst unmerkliche, Verwirrung
bringt gleichsam nur in den innersten zärtesten
Fibern ein kleines Zittern hervor, das sich
kaum bis in Auge und Lippen, vielweniger bis
in die minder beweglichen Theile des Körpers
fortpflanzt: ist die Entfernung beträchtlich,
so wird das Schwanken, das Taumeln, das
Ringen der Seele zwischen den beyden unver-
träglichen Empfindungen sichtbar. Hier bemerkt man, nach Verschiedenheit der Fälle,
bald die Erschütterungen des Lachens, bald
die Zuckungen des Weinens, bald den Wechsel
der

der Farbe, bald das Zittern der Glieder, bald das unruhige zweifelmüthige Hinundherwenden, bald noch andre ungewisse, unentschiedne Bewegungen dieser Art. — In der Kunst der Declamation stehen diesen mimischen Veränderungen die verschiednen Schwankungen und Brechungen des Tons gegenüber. —

Sie erwarten vielleicht, daß ich das weite Feld von Beobachtungen, welches sich hier zu öfnen scheint, wo nicht ganz, doch zum Theil, mit Ihnen durchwandern; daß ich wenigstens einen Versuch machen werde, aus dem Eigenthümlichen des Ideenganges in den beyden zu wechselnden Zuständen die jedesmalige äussere Erscheinung zu finden, die aus ihrer Mischung und Verwirrung hervorkommen muß. Aber leyder! ist alles, was ich hier sagen könnte, theils höchstgemein, theils auch höchstunbestimmt, und um das Feinere, das weniger

ger

ger Bekannte mit Genauigkeit und Schärfe
anzugeben, dazu fehlt es entweder mir an
Geschicklichkeit oder der Sprache an Reich-
thum. Die Unterschiede in dem Ideengange, die ich nur so im Ganzen angab, und
eben so die Unterschiede in den äussern Veränderungen des Lachens, des Weinens, des
Zitterns u. s. f.; wie genau müßten sie
können bestimmt, wie scharf müßte in jenen
das Verhältnis der mancherley Beschaffenheiten, in diesen der Grad und die Nuan-
cirung können angegeben werden, wenn nicht
überall die Resultate entweder höchst unzu-
verlässig, oder auch hie und da völlig un-
richtig erscheinen sollten! Dennoch war es
nicht überflüssig, daß ich Sie in die bisherige Speculation hineinführte; auch so un-
ausgeführt, wie sie ist, kann sie schon ihren
Nutzen äussern, kann den Künstler zum
Suchen der jedesmaligen wahren Gebehrde
veranlassen, und ihm Reiz zu Beobachtungen

gen geben, aus deren Sammlung und Vergleichung, troz allen sich hier findenden
Schwierigkeiten, doch am Ende etwas Beſ-
ſers und Vollſtändigers mögte erwachſen
können.

Drey

Drey und vierzigſter Brief.

Hume hat, in ſeiner Abhandlung von den Leidenſchaften, eine Stelle, die mir beydes ſchöner und fruchtbarer, als die von Ihnen angeführte Homiſche, ſcheint. Er vergleicht die Seele mit einem Saiteninſtrument, wo die Schwingungen der angeſchlagenen Töne nach geſchehener Berührung noch fortbeben und ſich nur nach und nach, nur unmerklich verlieren. *) Die gleich folgenden Töne ſind daher

*) S. Eſſays and Treatiſes on ſeveral Subjects. Vol. III. p. 253. If we conſider the human mind, we ſhall obſerve, that, with regard to the paſſions, it is not like a wind-inſtrument of muſic, which, in running over all the notes, immediately loſes the ſound, when the breath ceaſes; but rather reſembles a ſtring - inſtrument, where, after each ſtroke, the vibrations ſtill retain ſome ſound, which gra-

aher nie völlig rein; die hinzukommenden neuen Schwingungen werden mit den noch fortdaurenden alten zugleich vernommen, und die Töne mischen und verwirren sich in einander. Eben so können Affecten, die schnell hinter einander entstehen sollen, nie rein entstehen; der Zustand, in welchen der vorhergehende die Seele versezt hat, währt noch fort, indem der neue hinzukommt, und so geschieht, bis sich jener verloren hat, die Verbindung beyder durch eine Mischempfindung. Home, der

gradually and infensibly decays. The imagination is extremely quick and agile; but the paffions, in comparifon, are flow and reftive: for which reafon, when any object is prefented, which affords a variety of views to the one and emotions to the other; tho' the fancy may change its views with great celerity; each ftroke will not produce a clear and diftinct note of paffion, but the one paffion will always be mixed and confounded with the other.

der nur schlechtweg vom Tone der Seele ohn‹
Bestimmungen spricht, *) läßt es ungewiß
ob er sich diesen Ton auf einer Flöte denke
wo er nach dem Einhauch verschwindet, ode‹
auf einer Harfe, wo er nach dem Griffe noc‹
forthallt. —

Sie erinnern mich, nicht eben da mi‹
Beyspielen karg zu seyn, wo sie vielleicht an
unentbehrlichsten sind, und in der That wa‹
es mein Vorsatz, sie Ihnen zu geben. Abe‹
Sie nennen doch den nicht karg, der nich‹
gleich Alles giebt, was er besizt? oder de‹
auch nicht Schätze mittheilt, die er selbst mi‹
langer mühsamer Arbeit erst ergraben müßte,
und unmöglich alle ergraben kann? Also nu‹
einige wenige Beyspiele; nur um zu zeigen,
daß in der That unsre Betrachtungen von prac‹
tischem

*) S. Grundf. der Kritik. Th. 1. S. 160 fg.
der neuesten D. Ausg.

tiſchem Nußen ſeyn können, und um nachden,
kende Künſtler zu weiterm Beobachten zu rei,
zen. Allzufein dürfen dieſe Beyſpiele nicht
ſeyn: die zu ſchwachen Schattirungen der Lei,
denſchaften finden, wie ich ſchon öfter klagte,
in der Sprache keine Ausdrücke mehr, womit
man ſie bezeichnen, im Räſonnement keine
Gründe mehr, woraus man ſie herleiten könn,
te. Nur die geübtere Phantaſie iſt es, die ſich
ſie denkt, und das zärtere Gefühl, das ſie
fodert.

Wenn Sie in Agnes Bernauerinn ge,
wiſſe Scenen, etwa die fünfte des erſten, die
dritte des vierten Aufzuges, leſen; ſo finden
Sie keine Schwierigkeit, ſich in der Rolle
Albrechts die ganze Folge der Bewegungen
zu denken, weil dieſe Bewegungen, ohnerach,
tet ihrer Mannichfaltigkeit, alle gemäßigt, al,
le verwandt ſind. In jener erſtern Scene
herrſcht Zurükhaltung und Stolz; in dieſer,

le,

leztern Zärtlichkeit und Rührung: dort hat
der Hauptaffect Nuancen der Verachtung, des
Hohnlächelns, des Trotzes, der muthigen Zu-
versicht; hier des edlen moralischen Gefühls,
der Hofnung, des Vertrauens, der stillen
Freude; und alle diese Veränderungen sind so
gemäßigt, so leicht, daß sich eine aus der andern wie von selbst und ohne Anstand entwickelt. Ganz verschieden ist der Fall in Auf-
tritten, wie der dritte des zweyten Acts ist, wo
plözlich Bewegungen von ganz entgegengesezter Natur auf einander folgen sollen. Aus dem
Erstaunen, worinn der Prinz durch die unerwar-
tete öffentliche Beschimpfung versezt wird,
muß sich sehr bald der heftigste Zorn entspin-
nen; er ist zwiefach und ist eben da verwundet,
wo sein Herz am empfindlichsten ist, an seiner
Ehre als Ritter, an seiner Liebe als Gatte:
und die ihm diese Wunden schlagen, sind seine
Vasallen, sind seine Unterthanen. Aber mitten unter diesen erscheint auf einmal Ernst,

ehr-

ehrwürdig als rechtmäßiger Oberherr und
gleich ehrwürdig, als Vater. Ohne Zweifel wär es höchstfalsch, höchstwidrig, wenn
Albrecht die ganze Scene hindurch einerley
Ton behielte; wenn er mit eben so stürmischem
Feuer gegen den Herzog, als gegen Marschäl-
le und Ritter und Vicedom, spielte. Gleichwohl muß nothwendig sein Zorn auch Ernst,
den wichtigsten, den heftigsten seiner Anklä-
ger, treffen: nur wenn er noch selbst Gefühl
hat, wenn er nicht das Gefühl aller Zuschauer auf einmal gegen sich empören will; so muß
er mitten in diesem Zorne noch Unterwürfig-
keit, Mäßigung, Ehrerbietung beweisen.
Wo er den Rittern trozt, darf sein Ton laut;
wo er gegen den Herzog eifert, muß er gemä-
ßigter seyn: wo er jene auffodert, darf er, so
nah er will, an die Schranken treten; wo er
sich gegen diesen rechtfertigt, muß er noch immer entfernt bleiben: gegen jene darf er den
Körper weit vorlegen; gegen diesen muß er

R 3 nur

nur schwach, nur unmerklich sich überbeugen.
Gleichwohl kann auch die Ehrerbietung nicht
sogleich, nicht unmittelbar, den Zorn bis zu
dem gehörigen Grade mildern; noch weniger
kann sie das Uebergewicht in dem Maaße erhalten, daß sie in der Mischung als hervor-
stechender, herrschender Zug erscheine. Jenes macht die zu große Entfernung der Affecten; dieses die zu heftige, stürmische Natur
des Zorns unmöglich. Albrecht hat seine
Lanze zerbrochen, hat das Thurnier für aufgeho-
ben erklärt, hat jedem, der dennoch thurnieren
würde, Rache bis in den Tod geschworen; er
hat die Ritter aufgefodert, seinen Arm, sein
Schwert, sein Herz zu versuchen; er hat seinen Handschuh gegen jeden hingeworfen, der
die Ehre seiner Gebieterinn antasten würde:
und unmittelbar nach diesen drey so wilden, so
feurigen Ausbrüchen wendet sich die Rede wieder an seinen Vater. Finden Sie nicht, daß
hier eine dreyfache Pause durchaus unentbehr-

lich

ch ist, wenn **Albrecht** seine Hitze nur eini=
ermaßen, nur bis dahin dämpfen soll, daß
r nicht allzulaut, zu heftig, zu stürmisch wer=
e? Sehen Sie nicht, während dieser Pau=
en, ihn gleichsam mit seiner Hitze ringen, ihn
nur mühsam sie in die Gewalt bekommen, ihn
besonders da, wo er die Lanze zertreten hat,
in paar unruhige Schritte umhergehen, un=
chlüssig sich hin und her wenden, den Blick
gleichsam ungerne und so, daß es ihm kostet,
nach dem Herzoge hinrichten? Und wenn
r nun wirklich zu reden anfängt; fühlen Sie
nicht, daß er an allen Gliedern zittern, daß
eine Farbe wechseln, seine Stimme schwan=
en muß; daß man noch immer das Ueber=
gewicht des Zorns muß erkennen können,
er ihn am Ende, nach dem unglüklichen
Schwertschlag, Sohn und Unterthan ver=
essen macht und ihn über alle Grenzen hin=
usreißt?

So,

So, wie dieses erste Beyspiel, darf ich
auch das zweyte jezt folgende nicht erst selbst
erfinden; ich darf mich nur dessen, was ich gesehn
habe, erinnern. Alceste, die sich zur Rettung
ihres Gemahls den Todesgöttern durch eine
feyerliche Ant .. geweyht hat, wird plözlich
von der fürchterlichen Phantasie ergriffen,
als ob sie die Fittige der unterirdischen Schatten schon rauschen hörte, schon sie niederstei-
gen sähe, schon als bestimmtes Opfer von ihnen fortgeschleppt würde. Der Tonsetzer,
der diese Gedanken durch Wiederholungen aus-
bildet, läßt die Furcht der Unglüflichen von
Rede zu Rede steigen, den Athem sich immer
mehr verkürzen, die Stimme immer schwächer, immer ohnmächtiger niedersinken. Zu dieser so bedeutenden, so ausdrucksvollen Declamation war die lezte Stellung der Schauspie-
lerinn einsinkend, halb schon fallend; sie hatte sich von dem Orte, wo sie sich das Phan-
tom dachte, seitwärts weggebeugt und warf
mit

mit abgewandtem Gesichte nur noch halbe
schüchterne Blicke hin; die Arme, die sich dem
Schreckbilde verwandt entgegengeworfen hat=
ten, behielten zwar noch die anfängliche Rich=
tung, aber zu ihrer Erhebung, zur Anspan=
nung der Muskeln, waren Muth und Kräfte
verschwunden und schon fielen sie matt und
zitternd gegen die Erde. (Fig. 56) Unmit=
telbar auf diese Ohnmacht der Furcht sollte die
zweyte muthige Anrede an die Götter der Höl=
le, die zweyte entschloßne Darbietung des eige=
nen Lebens folgen. Die musikalische Decla=
mation ist hier feurig, selbst bis zur Wildheit;
sie kündigt eine Seele in einem erhöhtern Zu=
stande der Kräfte an; und so muß denn auch
das Spiel einen sehr beträchtlichen Grad von
Feuer haben, wenn nicht eine höchst widrige Dis=
harmonie zwischen dem musikalischen und dem
mimischen Ausdruk entstehn soll. Der Blick
Alcestens, weil sie unterirdische Gottheiten
aufruft, muß sich gegen den Boden kehren,

R 5 der

der Körper muß vorwärts hängen, der Schritt muß weit seyn, die Arme müssen sich ausbreiten; das weitofne Auge muß hervorquellen und der Blick etwas Begeistertes, Starres haben. (Fig 57.) Einzeln genommen sind diese beyden Ausdrücke, jeder für die Rede, die er begleiten, für den Gemüthszustand, den er bezeichnen soll, von der abgemessensten Richtigkeit; keiner ist überspannt, keiner zu matt; aber sie in so nahe Verbindung zu bringen, Kraft auf Ohnmacht, entschloßnen Muth auf zitternde Bangigkeit so unmittelbar folgen zu lassen, das würde wider die Kenntnis anstoßen, die jeder, auch wenig unterrichtete, Zuschauer von dem menschlichen Herzen, von der Natur der Empfindungen hat. Hier also war eine Pause und selbst eine längere nöthig, um durch mehrere Mittelzustände die beyden so entgegengesezten Empfindungen verbinden zu können. Parthenia griff die sinkende Königinn auf, schloß sie in ihre Arme; Alceste,

an

n dem schwesterlichen Busen sich bald erho-
nd, hob den matten Arm und legte, im Ge-
ühl ihrer Verwirrung, die Hand vor die
Stirne, indeß Parthenia mit Blicken voll
Schmerz und Liebe ihr zuzureden schien, daß
e doch ihrem Vorsatz entsagen, ihr schreckli-
jes Gelübd widerrufen mögte. (Fig. 58.)
So wie Besonnenheit und Kräfte zurückka-
nen, erwachte Alcestens ganze Zärtlichkeit
vieder; ihr Vorsatz blieb fest; Anfangs war
ur noch ihr Blick von Parthenien wegge-
vandt; gleich darauf sträubte sich schon ihre
Hand in der Hand der sie haltenden in sie
ringenden Schwester; jetzt machte sie schon
:ärkere Bewegungen sich loszureißen, Unwil-
n und Beharrlichkeit im Auge und auf der
Stirne; auf einen noch innigern Blick, eine
och herzlichere Umarmung Partheniens ent-
vand sich ihr die zu fest entschloßene Königinn,
Fig. 59.) und erst dann folgte, mit der
anzen oben beschriebenen Stellung, die zwey-

te

te muthige Anrede an die Höllengötter. Mich
allein hatte nun die Wiederholung der Todes
weyhe einen begreiflichen Grund; auch de
beleidigende Sprung in den Empfindungei
war vermieden, und was sonst bloßer müßi
ger Zierrath, leerer musikalischer Ueberfluß hät
te scheinen können, ward bedeutender, reizen
der Zug im Charakter. —

Um der Verlegenheit auszuweichen, worinn die Wahl mehrerer Beyspiele mich setzen
würde, werfe ich einen Blick in unsren so lange
vergeßnen Remond von St. Albine. Er
hat der Beyspiele zwey, das eine aus Raci-
nens Phädra, das andre aus Voltärens
Zayre; aber sein Räsonnement darüber ist wenig gründlich. Phädra, die endlich alle Be-
denklichkeiten überwunden und ihre sträfliche
Liebe gegen Hippolyt zwar mit Wendungen,
aber doch mehr als zu deutlich erklärt hat, *)
erhält

*) S. Act. 2. Sc. 5.

hält von diesem die beschämende niederschla-
nde Antwort:

Dieux! Qu'est ce, que j'entens? Madame, oubliés - Vous,
Que Thesée est mon pere & qu'il est Votre Epoux?

r scheint das Bittre dieses Vorwurfs mil-
rn zu wollen, indem er, nach einer Zwischen-
de der Königinn, fortfährt:

Madame, pardonnés! J'avoue en rougissant,
Que j'accusois à tort un discours innocent.
Ma honte ne peut plus soutenir Votre vue
Et je vai — —

lein die Unglükliche merkt nur zu wohl, daß
sie verstanden, und wenn sies auch nicht
erkte, so ist ihre Leidenschaft für längere
erstellung zu heftig. „Hier wird, sagt Remond, die Liebe der Königinn Wut; kein
Augenblik scheidet diese beyden so entgegengesezten Empfindungen von einander; der
Uebergang geschieht ohne Vorbereitung,
„ohne

„ohne Zwischenschattirung. — Nicht im

„mer, fährt er fort, dürfen die Uebergän

„ge so rasch, so plözlich geschehen; den

„gemeiniglich überwindet die eine Leidenschaf

„die andre entgegengesezte erst nach einigen

„Kampf, und um in solchen Fällen die Wahr

„heit der Natur zu treffen, ist dem Schau

„spieler die Kunst des Schattirens und Ver

„schmelzens höchstnöthig." — Es ist für

erste falsch, daß sich die Liebe der Phädre

in Wut verwandelt, oder Remond müßte

mit diesem Worte einen andern als den ge

wöhnlichen Sinn verbinden; ihre lange, nur

allzulange Rede hebt zwar freylich mit dem

Ausrufe an:

— Ah Cruel! tu m'as trop entendue!

Je t'en ai dit assez, pour te tirer d'erreur.

He bien! connois donc Phèdre & toute

sa fureur!

aber in der That ist das nicht Ausbruch des

Zorns, sondern des tiefsten Schmerzens, des

bit-

bitterſten Leidens, das ſich am Ende zwar allerdings in Wut, aber nicht der Rachgier ſondern der Verzweiflung, verwandelt. Doch
wenn auch wirklich Phädra in den ausſchwei-
fendſten Zorn geriethe; wie kann Remond
ſagen, daß es ohne Uebergang, ohne Mittel-
affect geſchehe? Las er denn nicht, was die
Königinn dem Hippolyt ſchon vorher auf
eine erſte Rede antwortet:

Et ſur quoi jugés-Vous, que j'en perds
la mémoire?
Prince, aurois-je perdu tout le ſoin de ma
gloire?

Oder fühlte er nicht, daß dieſe Worte mit
ſichtbarer Verwirrung der Scham müſſen geſprochen werden? daß, während der gleich
folgenden mildern Wendung Hippolyts, die
unglückliche Königinn mit ſich ſelbſt ringen
muß, bis ſie in der Unmöglichkeit, ihre Ehre
retten oder ihrer Liebe widerſtehen zu können,
in das volle ſchmerzliche Bekenntnis ausbricht?
Wenn

Wenn **Phädra** nach den schwärmerischen verliebten Entzückungen, worinn sie sich so ganz verloren hatte, augenblicklich und ohne den mindesten Uebergang in den wildesten Schmerz geriethe; so wäre das überhaupt wider die Natur der Seele: wenn sie in Zorn geriethe; so wäre das noch überdem wider die Beschaffenheit ihrer Lage. — Die Lage **Clorindens** beym **Cronegk** ist ganz verschieden; das Liebesbekenntnis, das diese ablegt, hat nichts von jenem Schwärmerischen, jenem Weichlichwohllüstigen, welches aus allen Reden der **Phädra** athmet; ihr enschloßner, muthiger, stolzer Charakter erhält sich durchaus; und wenn sie dem **Olint** mit ihrer Liebe nicht bloß Rettung des Lebens, sondern auch Krone und Purpur anbeut, so ist das minder Schwäche, als großmüthige Freundschaft, als Gerechtigkeit gegen das Verdienst und Erhabenheit über Vorurtheile. Gleichwohl giebt der Dichter auch ihr, ehe sie ihren

ganz

anzen Unwillen ergießt, Augenblicke der
Scham und Verwirrung:

Verstumm! Das ist genug. — Ihr Göt=
ter, blizt auf mich!

Verberget meine Schmach! Ich bin ver=
achtet! Ich!

Er haßt mich. Ich verschmäht! erniedrigt!
— Frevler, fliehe!

Flieh, sag ich! u. s. w.*)

Nehmen Sie diese Worte hinweg, und ich
rage Sie: ob nicht in den Empfindungen ei=
e sehr merkliche, widrige Lücke entstehe? ob
icht Leßings Ausspruch zwiefache Wahr=
eit erhalte: daß in der Rolle Clorindens
lles Widerspruch sey und sie immer von ei=
em Aeussersten auf das andere springe?**)

In den Stellen, die Remond aus der
ayre anführt, findet er die Uebergänge sehr
schwer,

*) Olint und Sophron. 3. Aufz. 3. Auftr.
**) S. Hamb. Dramat. Th. 1. St. 5.
Mimik 2. Theil.   S

ſchwer, und gerade hier ſind ſie ſehr leicht
Er redet von Bewegungen, die einander mi
größter Geſchwindigkeit zerſtören, und ha
dabey ohne Zweifel die beyden Empfindunge
im Sinne, die der Eiferſüchtige immer ver
einigen will und nie vereinigen kann: Ha
und Liebe. *) Remond bedenkt nicht, da

Eros

*) Ebendaſ. p. 212. L'art de paſſer adroitemen
d'un mouvement à l'autre eſt difficile.
l'eſt ſur tout, lorſque ces mouvemens ſe d
truiſent l'un l'autre avec une extrême rapidit
ainſi que dans ces endroits de la Tragédie d
Zaïre:

  — O nuit, nuit effroyable!
 Peux-tu prêter ton voile à des pareils forfaits?
 Zaïre! — L'infidele! — Après tant de bienfaits

  J'aurois d'un œil ſerain, d'un front inaltérabl
 Contemplé de mon rang la chute épouvantable.
 J'aurois ſu dans l'horreur de la captivité
 Conſerver mon courage & ma tranquillité. .
 Mais me voir, à ce point, trompé par ce que j'aim

  Helas! le crime veille, & ſon horreur me ſu
 A ce coupable excès porter ſa hardieſſe!
 Tu ne connoiſſois pas mon cœur & ma tendreſ
            Cor

Orosmann nicht erst eiferſüchtig wird, daß
es ſchon iſt; er bedenkt nicht, daß der ganze
Juſtand der Eiferſucht ein unaufhörliches Rin‹
gen, Kämpfen, Schwanken, leiden iſt; daß
ihre mancherley Bewegungen ſich anders nicht,
ls durch mehr oder minder Neigung nach die‹
r oder jener Seite hin, unterſcheiden. Das
ine mal iſt **Orosmann** mehr der zürnende
Beleidigte, das andre mal mehr der klagende
Inglückliche; jezt hat in ſeinem Herzen Rach‹
ier, jezt wieder Liebe den Ueberſchwung: aber
Liebe, in ſo naher Vereinigung mit dem Zor‹

S 2   ne,

Combien je t'adorois; quels feux — Ah Coraſinin,
Un ſeul de ſes regards auroit fait mon deſtin.
Je ne pus être heureux, ni ſouffrir que par elle.
Prens pitié de ma rage! Oui, cours — Ah! la Cruelle!

Voilà les premiers pleurs, qui coulent de mes
yeux.
Tu vois mon ſort. Tu vois la honte, ou je me livre.
Mais ces pleurs ſont cruels, & la mort va les ſuivre.
Plains Zaïre! Plains — moi! L'heure approche.
Ces pleurs
Du Sang, qui va couler, ſont les avant - coureurs.

ne, kann anders nicht, als in der Gestalt de
Leidens erscheinen; und vom Leiden zum Zor
ne, so wie vom Zorne zurück zum Leiden, ist
wie schon mehrmalen gesagt worden, der leich
teste Uebergang von der Welt.

Vier und vierzigster Brief.

Bisher, mein Freund, gingen wir noch im=
er von reinen, wenigstens scheinbarreinen
mpfindungen aus: es ist noch der Fall übrig,
o schon mehrere Affecten in der Seele vor=
inden sind und entweder der eine das Ueber=
wicht erhalten oder auf die Verwirrung aller
n ganz neuer Zustand erfolgen soll. Offen=
ir sind hier eben die Grundsätze anwendbar,
e bey dem Wechsel reiner Empfindungen gal=
n, und so müssen Sie hier nichts Neues,
chts Bedeutendes mehr erwarten. Ist der
ffect, der den Ueberschwung erhalten soll,
hon in der Mischung der herrschende, so
raucht er nur etwas mehr Nahrung, um den
itverbundnen gänzlich zu unterdrücken und
voller Kraft zu erscheinen: ist er der schwä=
ere, so muß er entweder durch langsame

Gra=

Gradation dem andern immer mehr abgewin=
nen oder es entsteht auch hier, wie bey allen
plözlichen Veränderungen, eine gewisse Beun=
ruhigung, ein gewisses Schwanken der Seele:
ist er dem mitverbundenen an Kraft ohngefähr
gleich, so kann er ihn ebenfalls nur nach und
nach, nur durch allmälige Zunahme, oder
nicht ohne merkliche Verwirrung des Ideen
gangs, in die Gewalt bekommen. Den erster
Fall kann **Albrecht** erläutern, wenn er so
gleich nach dem Schwertschlag aller Ehrerbie
tung vergißt; den zweyten **Alceste**, wenn mit
der Besonnenheit ihre Liebe und ihr Muth zu
erst wieder aufleben; den dritten **Zemire**
wenn sie zwischen entgegengesezten Begierder
kämpft, deren eine sie nach dem magischer
Spiegel hin, die andre davon zurückzieht. —
Tritt der oben bemerkte lezte Fall ein, daß ein
ganz neuer Affect auf den schon zweifelhafter
Zustand der Seele folgen soll; so ist die Ver
wirrung geringer, wenn dieser Affect den
                                        schor

hon herrschenden, größer, wenn er dem
hwächern, am größten, wenn er keinem der
orhandenen Affecten verwandt ist. —

Da ich so ruhig in meiner Materie fort=
ahre, so denken Sie vielleicht, daß ich Ihre
Erinnerungen, von denen ich schon im vori=
zen Briefe schwieg, ganz übergehen wolle;
iber in der That wollt' ich das Fehlende von
ener nur erst nachholen, ehe ich mich an die
Prüfung von diesen machte. Daß meine Be=
rachtungen, wie Sie sagen, nur auf das All=
gemeinste gerichtet waren; daß ich tausend
nähere Bestimmungen, tausend noch zu ma=
chende Unterschiede aus der Acht ließ, räume
ich ein; aber ungerne mögt' ich, außer diesem
Mangel, mir noch den Fehler zu Schulden
kommen lassen, daß ich wirkliche Einschrän=
kungen meiner Grundsätze, wirkliche Ausnah=
men davon übersehen und meinen Regeln eine
Allgemeinheit gegeben hätte, die ihnen nicht

zu=

zukäme. — Ich habe die Schrift, die Sie mir nannten, gelesen, habe sie ihres scharfsinnigen Verfassers würdig und die aufgeworfene Frage völlig darinn gelöst gefunden; der einzige Zweifel, den ich noch habe, betrift den Punkt, auf den es hier ankommt.

„Plözlicher Uebergang, sagt Herr Tiede-„mann *), von einem Gegensaße zum an-„dern, wenn auf einmal in den Ursachen Aen-„derung vorgeht, läßt sich bald erklären. „Zorn und Lachen, nicht das bittere Hohnge-„lächter, sondern das Lachen der Freude und „Lustigkeit, schließen einander aus; dennoch „wird der äusserst Aufgebrachte, sobald sein „Gegner den Widerstand fahren läßt und mit „komischen Ausdrücken in Worten oder Stel-„lun-

*) S. Hessische Beyträge zur Gelehrsamkeit und Kunst. St. 3. No. 4. Vom plözlichen Uebergange der Seele aus einem Entgegengesezten in das andre.

„lungen Furcht oder Unterwerfung zu erken=
„nen giebt, ſich des lauten Gelächters nicht
„erwehren können; ſogar, wenn ihm auch
„ſonſt dergleichen kein hinlänglicher Reiz zum
„Lachen geweſen wäre. Der gefühlte Con=
„traſt zwiſchen ſeinem großen Eifer, ſeiner hef=
„tigen Anſtrengung, und dem geringen Wi=
„derſtande, der ſonſt weder ſo groß geweſen,
„noch ſo lebhaft gefühlt wäre, reißt ihn un=
„widerſtehlich zum Lachen hin und macht ihn,
„nicht allmälig ſondern plözlich, von einem
„Gegentheile zum andern übergehen." —
Wäre hier nicht von dem äuſſerſt Aufge=
brachten die Rede, ſo würde ich gegen die
Wahrheit der Beobachtung nicht ſtreiten; um
ſo weniger, da die Ausdrücke des Gegners ko=
miſch ſeyn ſollen; aber wie auf heftigen ent=
ſchiednen Zorn augenbliklich ein lautes luſti=
ges Gelächter folgen könne? weiß ich mir nicht
zu denken. Ich mag die Situation ſo oder
anders annehmen; ſo ſcheint es mir immer,

S 5

als ob der Zornige eben darüber, daß er von
einem so Nichtswürdigen sich so weit treiben
ließ, erst den lebhaftesten Unmuth fühlen,
diesen Unmuth durch Reden oder Thätlichkei-
ten auslassen, und wenn er lacht, nothwendig
mit Bitterkeit lachen, also hohnlachen müsse.
Indessen, wenn auch die Beobachtung selbst völlig wahr ist, so scheint sie nicht das, was sie soll,
zu beweisen; nicht die Möglichkeit des plözlichen
Ueberganges von einem Entgegengesezten ins
andre. Der wahre Gegensaz des Zorns würde eine Empfindung seyn, die statt des raschen
einen langsamen, statt des vollen einen schwachen, statt des abgestoßnen einen gebundenen,
statt des ungleichförmigern einen gleichförmi-
gern Gang hielte; der vollkommenste Gegensaz eine Empfindung, die alle diese Eigenschaften im höchsten Grade vereinigte. Das
aber ist nicht der Fall mit dem Lachen: dieses ist
Mittelempfindung, ist eine Art von Unentschiedenheit, von Hinundherschwanken der

See-

Seele, welches nur mehr nach den muntern.
als nach den trägen oder stürmischen Empfin=
dungen hinzieht. Der Zornige, der aus seiner
Wut auf einmal in ein lustiges Lachen fiele,
würde damit nicht von einem Aeussersten auf
das andere springen; er würde bloß in ein
Schwanken gerathen und mit diesem Schwan=
ken, nur ein wenig zu schnell, die Neigung
nach dem andern Aeussersten hin gewinnen.

„Auf gleiche Weise, fährt Herr Tiede=
„mann fort, geht heftige Liebe, wenn der
„Gegenstand ihrer auf einmal unwürdig er=
„funden wird und allmälige Sättigung die
„Gleichgültigkeit nicht vorbereitet hat, in hef=
„tigen Haß über. Die Stärke unsrer Zunei=
„gung läßt uns des Gegenstandes Unwürdig=
„keit und Nichtswürdigkeit so viel lebhafter
„fühlen und treibt uns, über die Gleichgül=
„tigkeit hinweg, zum heftigen Hasse.“ —
Ueber die Gleichgültigkeit hinweg, ist sehr
wahr;

wahr; aber auf einmal zum Haſſe? ohne ein
zwiſchenliegendes ſchrekhaftes Erſtaunen? ohne einen verwirrten Tumult von Empfindungen, der zwar endlich mit vollem entſchiedenem
Haß ſich endigen kann, aber es doch ſchwerlich gleich Anfangs iſt? — Ich denke, es iſt nur
die Schuld der Sprache, die ſo wenig Ausdrücke für die endloſe Mannichfaltigkeit unſrer Seelenbewegungen hat, daß oft auch der
Scharfſichtigſte ſeine Beobachtungen für etwas anders nimmt, als ſie ſind. Doch laſſen
ſich auch noch andere Urſachen angeben: die
große Schnelligkeit in der Folge der Empfindungen und die große Feinheit in ihrer Miſchung. Jene verbirgt uns die Mittelaffec-
ten und verführt uns, daß wir ſchnell mit plözlich verwechſeln; dieſe läßt uns in den beyden Zu-
ſtänden der Seele, in dem, welcher aufhören und
in dem, welcher anfangen ſoll, die ſchwächern
Nuancen nicht inne werden, die beyde in einander verflößen; ſie läßt uns nicht bemerken,
wie

wie zu den Hauptempfindungen sich gewisse leise, gleichsam stumme, Nebenempfindungen, gewisse geheime Launen gesellen, die, wenn man sie mit in Rechnung brächte, den scheinbaren Sprung bald würden erklären können.

Laſſen Sie ſehen, ob nicht auch bey dem zweyten Vorwurfe, den Sie mir machen, ſich irgend ein kleiner Mißverſtand findet. Ich ſoll den Unterſchied zwiſchen Affecten überſehen haben, die in ihren Urſachen verbunden und die in ihren Urſachen getrennt ſind.*) Wenn, meynen Sie, die Seele durch einen gewiſſen Gegenſtand in eine beſtimmte Empfindung verſezt ſey und nun ein andrer mit jenem nicht verbundner Gegenſtand auf einmal durch eine ungleichartige oder, nach meiner Art zu reden, durch eine entfernte Empfindung den Ton der

*) Man ſehe darüber **Hume** und **Home** an den angeführten Orten.

derselben zu verändern strebe; so möge freylich Anfangs, wegen der Neuheit des zweyten
Gegenstandes, eine Art von Verwirrung entstehen, eine Art von Schrecken, von kurzem
Erstaunen, während dessen die neue Empfindung sich allmälig der Seele bemächtige; aber
wenn nun einmal dieser erste Eindruk geschehen sey, so gehe doch die Seele, nachdem sie
den einen oder den andern Gegenstand denke,
von Empfindung zu Empfindung ohne Mit-
telaffect und so über, daß eine von der andern
durchaus keinen Abbruch leide und jede, so lange sie da ist, völlig rein, ohne Verwirrung,
ohne fortdaurendes Schwanken, herrsche. —
Ich gebe zu, daß der Unterschied zwischen Affecten, die in ihren Ursachen verbunden und
die darinn getrennt sind, von Wichtigkeit ist,
und daß er bey der Frage von der Folge der
Empfindungen nicht weniger in Betrachtung
kommt, als bey der Frage von ihrer Mischung. Aber eine wirkliche Einschränkung

unsres

unſres Grundſatzes, eine wirkliche Ausnahme
davon kann ich darin nicht finden; wenig
ſtens nach dem Beyſpiele nicht, auf das Sie
mich hinweiſen und das bey dieſer Gelegenheit
auch ſchon Home anführt.*) Shylok fühlt
den bitterſten Schmerz, wenn er ſich der
Koſtbarkeiten erinnert, die er durch die Flucht
ſeiner Tochter verloren; er fühlt die lebhafteſte
Freude, wenn er an den Unfall ſeines Handlungsfeindes Antonio denkt, an dem er nun
nach Belieben ſich rächen kann. So wie
Tubal die Aufmerkſamkeit Shyloks bald auf
den einen, bald auf den andern Punct lenkt,
wechſeln bey dieſem die beyden ſo entgegenge
ſezten Empfindungen ab; Schmerz ſcheint
auf Freude und Freude auf Schmerz augenblicklich und ohne Miſchempfindung zu folgen.
Ich ſage: ſcheint; denn der Schmerz, wo er
auf

*) Gr. d. K. Th. 1. S. 174 fg. — Shakeſpear
im Kaufmann von Venedig. 3 Act. 1. Auftr.

auf die Freude folgt, äuſſert ſich ſchon nicht
mehr ſo heftig, als Anfangs; auch kann die
Freude, wo ſie wieder Meiſter über den
Schmerz wird, nicht ſogleich im erſten Augenblicke die ganze Stirne erheitern und aus-
glätten; ſie lächelt mit mattem Schimmer
gleichſam nur hinter einer Wolke hervor und
läßt in der erſten Mine, vielleicht auch ſogar
im erſten Tone Shyloks, noch etwas Kränk-
liches, Peinliches übrig. Was aber die
Hauptſache iſt; ſo findet ſich in der Freude ein
Zuſatz, der zum Vereinigungspuncte mit dem
Leiden dient; ſie iſt Schadenfreude, alſo Freude des Haſſes, des gemäßigten Zorns, der
mit dem Leiden eine ſo genaue Verwandſchaft
hat. Nicht die beyden abwechſelnden Empfindungen ſind rein, wenn ſies gleich ſcheinen;
nur die eine, die erſte iſt es; die andre iſt eine
ungewiſſe, ſchwankende Seelenbewegung, die
eben ſo leicht nach jener erſtern entſtehen, als
in ſie wieder zurückkehren kann.

Wir

Wir fangen an, mein Freund, uns in
einheiten, in Spizfindigkeiten zu verlieren,
ie von der Ausübung sich immer mehr zu ent=
ernen scheinen. Es ist Zeit, denk ich, daß
h die Untersuchung unsrer Materie, und da
e in meinem Entwurfe die lezte war, daß
h den ganzen bisherigen Briefwechsel schlie=
e. Wenn Sie finden, daß ich nur wenig
istete, so erinnern Sie sich, daß ich auch nur
wenig versprach; daß ich gleich Anfangs die
Theorie der Mimik nur auf das Allgemeinste
nschränkte; daß ich über das Ganze dieser
Theorie nur einige zerstreute Ideen hinwerfen,
ur einige schwierige Puncte derselben be=
nerken und höchstens einige einzelne Theile
earbeiten wollte. Ich habe, wie ich mir
hmeichle, noch etwas mehr gethan, als ich,
iesem Versprechen nach, hätte dürfen: statt
ur einige nöthige Materialien zum Baue her=
zuzuschaffen und die meisten so roh zu lassen, wie
h sie aufnahm, hab ich diese Materialien, so weit

Mimik 2. Theil.   T   sie

sie reichten, schon einigermaßen verbunden, hab
daraus schon so ziemlich eine Hütte, wenn gleic
eine bey weitem nicht fertige, an vielen Seite
noch ofne, hie und da etwas baufällige Hütte zu
sammengeschlagen. Möglich genug, daß diese
zu unvollkommne, zu übereilte Bau entwede
von selbst wieder zusammenstürzt, oder da
auch irgend ein kritischer Verwüster ihn der
Erdboden gleich macht! Aber die Hofnun
bleibt mir doch immer, daß künftig vielleic
ein reicherer, einsichtsvollerer Architekt de
Ort, wo ich mich anbaute, nicht nur reizend vo
Aussicht, sondern auch vortheilhaft gelegen zur
Gewinn für wissenschaftliche Kenntnisse finde
und daß er dann einer Kunst, die ich liebt
eben da, wo ehemals meine Hütte stand, eine
tiefgegründeten, in allen seinen Theilen fes
verbundnen, Pracht- und Geschmakvolle
Tempel aufführt.

In

Inhalt des Werks.

T 2   IV. Br.

IV. Br. Gemeinschaftliches in allen dieſen Verſchiedenheiten. Einſchränkung der Mimik eben auf dieſes Gemeinſchaftliche.

V. Br. Unterſcheidung bloß mechaniſcher und ſolcher körperlichen Veränderungen, die von der Einwirkung der Seele abhangen. Regeln für jene erſtern. Eintheilung der leztern in ſolche, die nur einen ganz allgemeinen unbeſtimmten, und in ſolche, die einen ſpeciellern beſtimmtern Sinn haben. Regel für jene.

VI. Br. Ueber den Begriff des Worts: Gebehrde. Vorläufige Eintheilung der Gebehrden in malende und ausdruckende. Theile des Körpers, die zu Gebehrden dienen. Schwierigkeit der Beſchreibung der Gebehrden, wegen Armuth der Sprache.

VII. Br. Zwei Geſichtspuncte für das Gebehrdenſpiel: Wahrheit und Schönheit. Einſchränkung der nachfolgenden Unterſuchungen auf die Wahrheit.

Erſter Theil. Die Gebehrden, einzeln betrachtet.

VIII. Br. Erklärung der beyden Wörter: Malerey und Ausdruk. Was eigentlich mimiſch

mallbar

malbar sey? Die Ursache einer malenden Gebehrde ist entweder Lebhaftigkeit der eignen Vorstellung oder Absicht, bey andern eine lebhafte
Vorstellung zu erwecken. Ueber das viele Figürliche im Gebehrdenspiel.

IX. Br. Eintheilung der ausdruckenden
Gebehrden in absichtliche, analoge, physiologi-
sche; der leztern wieder in solche, die willkühr-
lich nachgeahmt werden können und die es nicht
können. Einziges Mittel, auch die leztern her-
auszubringen.

X. Br. Ausdruk der unthätigen Ruhe.
Verschiedenheiten in diesem Ausdruk und Gründe derselben. Vorläufige Anmerkung über den
allmäligen Uebergang aus Ruhe in Thätigkeit.

XI. Br. Ausdruk der Operationen des Ver-
standes. Von dem Analogen in diesem Ausdrucke. Von dem Figürlichen darinn.

XII. Br. Ausdruk der Affecten. Eintheilung derselben in Begierden und Affecten des
Anschauens. Bemerkung, daß auch der Verstand Affecten von beyderley Art habe. Von
Lachen, Bewunderung, Verwunderung.

T 3　　　　XIII. Br.

XIII. Br. Ausdruk der Affecten des Herzens und zuvörderst der Begierden. Eintheilung
in Begierde nach Genuß, nach Rettung, nach
Wegräumung. Verschiedene Modificationen
dieser Begierden.

XIV. Br. Gemeinschaftliches aller nach
außen gerichteten Begierden: die schiefe Lage
des Körpers, die gerade Linie, die Abänderung nach dem verschiednen Verhältnisse, worinn der Begehrende und der Gegenstand der
Begierde stehen.

XV. Br. Spiel der Genußbegierde. Bemerkung über die hier sich äußernde Synergie
der Kräfte. Figürliche Ausdrücke. Eigen-
thümliches in dem Spiel der Begierden, die
auf Entschließung freyer Wesen gerichtet
sind.

XVI. Br. Spiel der Rettungsbegierde.
Wie sie sich fast immer mit Begierde, das Ue-
bel zu kennen und es wegzuräumen, verbindet.
In wie ferne auch hier Synergie der Kräf-
te Statt hat. Figürliches und motivirtes
Spiel.

XVII. Br.

XVII. Br. Spiel des Zorns. Zurük-
schreckende Häßlichkeit desselben. Anmerkung
über eine Stelle im Plutarch.

XVIII. Br. Schwierigkeit, die Ausdrücke
zu classificiren. Ableitung des Zorns auf
fremde und unschuldige Gegenstände. Aehnli-
che Erscheinungen bey der Rettungs- und Genußbegierde.

XIX. Br. Uebergang zu den Affecten des
Anschauens. Verschiedenheit der philosophi-
schen und der mimischen Betrachtungsart.
Daraus hergeleitete Einschränkung der folgenden Untersuchungen.

XX. Br. Ausdruk der angenehmen Affecten des Anschauens. Gebehrden der Freude;
Handlungen, worinn sie gerne ausbricht.
Verschiedene Ausdrücke des ruhigen Selbstge-
fallens; der moralischen Sympathie.

XXI. Br. Ausdruk der Verehrung; der
Liebe. Anmerkung über die Modificationen,
welche auch diese Affecten von ihrem Gegenstande annehmen.

T 4   XXII. Br.

XXII. Br. Ausdruk der unangenehmen Affecten des Anschauens. Solcher, deren Ursache bloß Herabwürdigung im Urtheil ist. Ausdruk der Verachtung; der Scham.

XXIII. Br. Solcher, deren Gegenstand ein wirkliches Uebel ist. Eintheilung dieser Affecten in solche, die sich auf die Ursache, und die sich auf die Empfindung des Uebels beziehen. Ausdruk der Furcht, des Aergernisses, des Verdrusses; Ausdruk der Schwermuth, des Leidens. Rückblick auf die Selbstaufülle des Zorns.

XXIV. Br. Regel von der Vollständigkeit des Ausdruks.

XXV. Br. Ueber zusammengesezte Ausdrücke vermischter Empfindungen. Wie es einige ihrem Namen nach nicht zu seyn scheinen und es doch sind. Allgemeine Regel für solche Ausdrücke. Beyspiele.

XXVI. Br. Fernere Beyspiele. Unbestimmtheit und Vieldeutigkeit der Gebehrdensprache. Ob es in dieser Sprache Synonymen gebe? Beyspiele feinerer Unterschiede.

Ue‑

Ueber die Grille, bey verschiednen Vorstellungen desselben Stücks mit Ausdrücken zu wechseln.

XXVII. Br. Verdienst des Schauspielers mit Verdienst des Zeichners verglichen. Wann im Gebehrdenspiel Malerey erlaubt und wann sie unerlaubt sey. Erläuterung einer mißverstandnen Stelle des Macrobius. Regel, wie Quintilian sie gefaßt und nähere Bestimmung derselben. Beyspiele falscher Malerey.

XXVIII. Br. Fälle, wo die Malerey das richtige Spiel ist. Von der Zusammensetzung malender und ausdruckender Gebehrden. Fälle, wo die vollkommne Vereinigung beyder möglich und wo sie unmöglich ist. Völlig abgeschmakte Malereyen. Beyspiele davon.

XXIX. Br. Ausdehnung dieser Regel auf die Pantomimen. Wie darinn alle dem Ausdruk hinderliche Malereyen können vermieden werden; auch wenn Handlung der Stoff ist. Stoff, den die Alten für ihre Pantomimen wählten. Ueber eine Stelle im Lucian.

XXX. Br. Ideal einer Pantomime nach Noverre. Was für Gegenstände er will behan-

T 5   delt

delt haben, und wie bey diesen alle falsche Ma-
lerenen entbehrlich sind. Unmöglichkeit, daß
pantomimische Vorstellungen solcher Handlungen verstanden werden, die nicht aus den allgemeinen Trieben der Natur, nicht aus den
gemeinen Vorfällen des Lebens begreiflich, oder
auch nicht schon vorher bekannt sind. Cautel bey
Behandlung auch schon bekannter Gegenstände.
Beyspiel unverständlicher und zugleich Geschmak-
loser Malerey.

XXXI. Br. Schwierigkeiten, die sich der
Erfindung einer eigentlichen Gebehrdensprache
entgegensetzen.

Zweyter Theil. Die Gebehrden, in ihrer
Folge betrachtet.

XXXII. Br. Noch einige Anmerkungen
über die pantomimischen Schauspieler der Alten. — Gebehrdenkunst, als Musik. Umfang, den das Wort Musik in seinem ursprüng-
lichen Sinne bey den Alten hatte. Bemerkung, daß allen musikalischen Künsten einerley
Begriffe und Regeln zum Grunde liegen.

XXXIII. Br.

XXXIII. Br. Blick in die Kunst der Declamation zum Beweis dieses Satzes.

XXXIV. Br. Regel, die für den Schauspieler aus der allgemeinen Natur der dramatischen Gattung fließt. Verschiedene Arten des
Rhythmus der Rede. Gebrauch jeder Art.
Verschiedene Arten der Declamation. Gebrauch jeder Art. Entsprechende Arten des
Gebehrdenspiels; Tanz, rednerische Gesticulation, Spiel des Umgangs. Einschränkung
des Schauspielers auf das leztere, so wie des
dramatischen Dichters auf die Prose.

XXXV. Br. Beweis der dem Schauspieler gegebenen Regel durch Beweis der dem
Dichter gegebenen Regel. Gründe, die das
Ansehen der Alten im Punct des Drama entkräften. Verschiednes Bedürfnis ihrer und
unsrer Bühnen. Schlegels Gründe für die
Versification und Wichtigkeit dieser Gründe.

XXXVI. Br. Zweck der Dichtkunst. Wie
man nicht auf das, was überhaupt Vergnügen wirken kann, sondern auf das zu sehen hat,
was eine besondre bestimmte Art des Vergnügens befördert. Kraft der Sylbenmaaße.
Un-

Unschiklichkeit einförmiger Sylbenmaaße für das Drama.

XXXVII. Br. Unschiklichkeit aller Versification überhaupt für das Drama, die Sylbenmaaße mögen einförmig oder gemischt oder bildsam seyn. Beweis dieser Unschiklichkeit aus Natur und Zweck des dramatischen Gedichts, verglichen mit Natur und Zweck der Versification. Anwendung auf das Gebehrdenspiel.

XXXVIII. Br. Rettung des Gesangs in der Oper. Rückblick auf das Drama der Griechen. Pflicht des Schauspielers, sich nach dem Dichter zu bequemen. — Ob der geistliche Redner sich nach dem Schauspieler bilden könne und in wie fern er es könne?

XXXIX. Br. Regeln für den Schauspieler in Beziehung auf das Ganze des vorzustellenden Werks; sowohl in Beziehung auf das Ganze des Stüks, als auf das Ganze der Rolle. Ob der Erfolg der wirklichen Aufführung für die Güte eines Stüks beweise?

XL. Br. Regeln in Beziehung auf den Zusammenhang der kleinern Theile einer Rolle, der

der einzelnen Reden. Wie man bey malenden Gebehrden das Ganze fassen, nicht die verschiedenen Züge vereinzeln müsse. Regel von ununterbrochener Fortsetzung des Spiels; von sanfter Verflößung mehrerer ruhigen Thätigkeiten, vom Uebergange aus der Ruhe in den Affect und zurück aus dem Affect in die Ruhe.

XLI. Br. Verbindung mehrerer leidenschaftlichen Bewegungen; der einartigen und der verschiedenartigen. Anschwellen der Leidenschaften. Beyspiel richtiger Gradation. Uebergang aus Affecten des Anschauens in die ihnen verwandten Begierden. Eintheilung der verschiedenartigen Affecten in verwandte und entfernte. Unzulängliche Unterscheidungsmerkmale.

XLII. Br. Wahre Unterscheidungsmerkmale. Anwendung auf mehrere Beyspiele; besonders auf die dem Zorn verwandten Affecten. — Wie Verwandschaft und Entfernung weniger von der Natur der Affecten im Allgemeinen als von dem Grade ihrer Stärke abhängt. Irrung, die der gemeine Sprachgebrauch hier verursachen kann. Wie nicht bey

allen

allen verwandten Affecten die Leichtigkeit des Ueberganges wechselseitig ist. — Gesetz der Verbindung entfernter Affecten. Schwierigkeit einer weitern Ausführung dieser Materie.

XLIII. Br. Beyspiele richtiger Uebergänge durch Pausen und Zwischenschattirungen. Kritik einiger Beyspiele, die Remond von St. Albine anführt.

XLIV. Br. Fortgang aus Mischempfindungen. Geständniß der großen Unvollständigkeit dieser Theorie. Beantwortung einiger Einwürfe gegen die Allgemeinheit des angegebenen Gesetzes. Beschluß.

Ver:

Verzeichnis

der Beförderer des Werks.

Amsterdam.

	Exemplar.
Herr Hofmeister Bunsen	1
— Joh. Lublinck der jüngere	1
Madame Mutzenbecher	1

Amersfort.

Herr Benjamin Cohen	2
— A. B. Cohen	1
— E. B. Cohen	2
— D. A. Meyer	1
— J. P. von Santen	1

Baden.

Se. Durchl. der Prinz Friedrich von Baden	1
Die Hochfürstliche Bibliothek	1

Berlin.

Ihro Königl. Hoheit die Prinzeßinn Amalia	1
Herr Geh. Sekretär Bertram	3

Herr

	Exemplar.
Herr von Clermont	1
— Abt Denina	1
— Doctor Fließ	2
— David Friedländer	1
— Hofmaler Frisch	1
— Kammergerichtsrath Gause	1
— Schauspieler Grave	1
— Geheime Sekretär Herzberg	1
— Hartung	1
— Hofrath Hasse	1
— Jördens	1
— Musikus Kannegießer	1
— Assistenzrath Klein	1
— Kunth	1
— Marchese von Luchesini	1
Die Herren Grafen von Medem	2
— Prof. Meierotto	1
— Direktor Merian	1
— Prof. Müller	1
— Buchhändler Nicolai	1
— Geheimerath Rausleben	1
— Baron von Sacken	1
— Baron und Domherr von Schlabberndorf	1
— Schwa	1
— Referendarius Sievecke	1

Herr

Exemplar.

Herr Freiherr von Seherr und Thoß, Stabs-
    rittmeister dei Garde du Corps   1
— Ein Ungenannter   1
— Meyer Warburg   1
— Kapitain von Weise   1
— Aaron Wessely   1
— Geh. Finanzrath Wlömer   1
Madame Wulf   1
Herr Doctor Zencker   1

Braunschweig.

Ihro Durchl. die Fr. A. v. G. Pr. zu
    Br. L.   1
Herr Hofgerichtsassessor Biel   1
— Geh. Kammerrath von Bötticher   1
— Hofrath Ebert   1
— Prof. Eschenburg   3
Fräul. von Geusau, Hofdame bey J. D. der
    Fr. Aebt. v. G.   1
Herr Land-Commandeur von Hardenberg zu
    Lucklum   1
— Kammerrath von Schrader   1
— Hofprediger Schultz   1
— Obrist von Warnstedt   1

Mimik 2. Theil.   u   Bres=

Breslau.

Se. Durchl. der Erbprinz von Hohenlohe Exemp
Herr Münzdirector Lessing
— Liebmann Meyer
— Stadtgerichtsassessor Pistorius
— Graf von Schönaich
— Stadtsecretair Schubart
— Feldprediger Seifert
— Kammersecret. Streit

Brieg.

Herr Oberamtsrath Westart

Curland.

Ihro Durchl. die regierende Frau Herzo-
ginn von Curland
Herr Advokat Hinz
— von Kleist
— P. von Offenberg
— H. von Offenberg
Fr. Kammerh. von der Recke
Herr Past. Ruprecht
— C. von Taube
— Ph. von Hahn

Dess

Deſſau.

Exemplar.

Dresden.

Emmerdingen.

Frankfurt an der Oder.

Gotha.

    Se.

308

Exemplar.

Se. D. der Prinz August v. S. G.   1
Se. Excell. der Hr. Minister von Frankenberg   1
Herr Legationssecret. Gotter   1
— Bibliothekar Reichard   1
— Kammerherr von Thümmel   1

Im Haag.

Se. Durchl. der Erbprinz von Oranien   1
Herr Secret. Chelius   1
— Regierungsrath Euler   1
— Hofrath Gervinus   1
— Kandidat Glaser   1
— Se. Excell. der Russisch Kaiserl. Staats-
    rath Graf Iwan von Galowkin   1
— Nenfner, Königl. Preuß. Legationssecre-
    tair   1
— Prediger Nütz   1
— Baron von Thulemeyer, Königl. Preuß.
    Gesandter   1
— Feldprediger Vogel   1

Halberstadt.

Herr Kanonikus Gleim   1

Halle.

Halle.

Exemplar.

Herr Prof. Eberhardt · · 1
— Prof. Wolff 1

Hamburg.

Addreßcomtoir 5
Herr Schauspieldirector Schröder 1

Jena.

Herr Schwarz 1

Kiel.

Herr Graf von Baudissin auf Knoop 1
— Prof. Ehlers 1
Se. Excell. der Herr Geh. Conferenzrath
    Graf von Holk auf Ekhoff 1
Herr Prof. Heinze 1
— Lorenzen 1
— Rabeck 1
— Vollertsen 1

Königsberg in Preussen.

Herr von Baczko 1
— Wolff Friedländer 1

U 3   Herr

	Exemplar.
Herr Meyer Friedländer	1
— Bernhard Friedländer	1
— Simon Friedländer	1
— E. S. von Halle	1
— Graf von Kayserling	1
— Marc. Salom. Levi	1
— Wulff Oppenheim	1

Kopenhagen.

Herr Fries	1
— Gramborg	1
— Holm	1
— Kandidat Kierulff	1
— Laußon	1
— Copist Munthe	1
— Prof. Rüsbrigh	1
— Kandidat Stabel	1
— Procurator Told	1
— Wille	1
— Decan. Worm	1

Lüneburg.

Die Rathsbibliothek	1

Mag=

Magdeburg.

	Exemplar.
Herr Domherr von Alvensleben	1
Die Bibliothek zu Klosterbergen	1
Herr Consistorialrath Funck	1
— Oberlehrer Gurlith	1
— Kriegsrath Köpken	1

Mannheim.

Sr. Excell. der Obercämmerer Freiherr von	
Dalberg	2
— Schausp. Iffland	1
— Schausp. Meyer	1

Melldorff.

| Herr Justizrath Boie | 1 |

Muska.

| Herr Hofgerichtsdirector Bonitz | 1 |

Ruppin.

| Die Schulbibliothek | 1 |

U 4   Schles=

312

Schleswig.

	Exemplar.
Herr Kammerherr von Warnstedt	1

Schwedt.

Herr Kammerrath Lauer	1
— Schauspieldirektor Möller	1
Mademoiselle Niclas	1

Schwerin.

Frau Majorinn von Baader	1
— Hofräthin Becker	1
Herr Kammerjunker und Justizrath von Brandenstein	1
— Revisionsrath Cähns	1
— Stallmeister Denner	1
— Doctor Engel	1
— Doctor Hartwig	1
— Se. Excell. der Geheimerath und Oberhofmarschall Baron von Lützow	1
— Oberzahlcommissair Pauli	1
— Hofrath Schildt	1
— Regierungssekretair Siggelkow	1
— Cand. Stolte	1

Stral=

Stralsund.

Herr Schauspieldirektor Tilly · 1

Thoren.

Herr Pred. Hevelcke · 1

Tübingen.

Die Universitätsbibliothek · 1

Wien.

Herr Generalmajor von Airenhofer · 1
Frau Gräfinn Bassewitz · 1
Ihro Excellenz Frau Gräfinn Burghaus · 1
Se. Excell. Hr. Graf Joseph Dietrichstein · 1
Se. Excell. Hr. Graf Edling · 1
Frau Gräfinn von Fokete · 1
Herr Graf Fries · 1
— Freiherr von Gemmingen · 1
— Freiherr von Nefzer · 1
Se. Excell. Herr General und Kammerherr
    Graf Nostitz · 1
Se. Durchl. der Fürst Paar · 1
Herr Graf Paar · 1

Ihro

Exemplar.

Ihro Excellenz die Frau Gräfin Pergen   1

Se. Excell. der Herr Obristcämmerer Graf
    von Rosenberg   1

Herr Kammerherr und Reichshofrath Graf
    von Sternberg   1

— Präsid. und Biblioth. Freyherr von
    Switen   1

Se. Excellenz Herr Graf von Trautmanns-
    dorf   1

Ihro Excellenz die Frau Gräfin Waldstein   1

Se. Excell. Herr Oberhofmarschall Graf
    Wrbna   1

Ihro Excell. Frau Gräfin von Zichi   1

Herr Kammerherr Graf von Zichi   1

— Kammerherr und Hoffammerrath Graf
    von Zichi   1

Se. Excell. Herr Graf von Zinzerdorf   1

Wittenberg.

Herr Prof. Ebert   1